永懷那堅強豪邁的身影

黃家瑾將軍逝世十週年追思紀念文集

黃素玲
安郁健 編
宋咸萃

將軍傳記系列
文史哲出版社印行

國家圖書館出版品預行編目資料

永懷那堅強豪邁的身影：黃家瑾將軍逝世十週年追思紀念文集. / 黃素玲.安郁健.宋咸萃編.--初版 -- 臺北市：文史哲, 民 99.12
頁: 公分. -- (將軍傳記系列; 5)
ISBN 978-957-549-946-4（平裝）

1. 黃家瑾 2.軍人 3. 臺灣傳記

783.3886　　99026413

將軍傳記系列　5

永懷那堅強豪邁的身影

黃家瑾將軍逝世十週年追思紀念文集

著　者：黃素玲　安郁健　宋咸萃
出版者：文史哲出版社
http:// www.lapen.com.tw
e-mail：lapen@ms74.hinet.net
登記證字號：行政院新聞局版臺業字五三三七號
發行人：彭正雄
發行所：文史哲出版社
印刷者：文史哲出版社
臺北市羅斯福路一段七十二巷四號
郵政劃撥帳號：一六一八〇一七五
電話886-2-23511028 · 傳真886-2-23965656

實價新臺幣三六〇元

中華民國一百年（2011）元旦初版

ISBN 978-957-549-946-4　　78405

永懷那堅強豪邁的身影

目　錄

家瑾和我一世姻緣天注定

代序

晝思夜想款款深情日月長，
誰說時間可以讓人淡忘，
誰說歲月可以治癒憂傷，
我始終無法忘記卻悲傷照常，
我選擇了隱藏獨自暗夜神傷，
十年歲月難俟情深思念長。

我和家瑾相識相愛，一見鍾情，冥冥之中像是老天刻意安排的，一切自自然然，使我倆的愛情進展，意外的順暢而圓滿。

我們相識相愛的機緣，說起來平淡無奇。我高中畢業後，便像鄰家的小女生一樣，進入一家電子公司工作，朝四晚五，過著呆板而無趣的日子，漸漸安心認命了。誰知就在一年過後，有一位同學好友，邀我陪她去參加一家電台招考播音員；好壯壯膽；我欣然同意，但覺得只是陪考，那沒什麼意思，乾脆一塊參加應試，碰碰運氣也好？世上事眞的難以捉摸，結果是主考榜上無名，陪考的我卻入選了，誠如俗語所說：「有心栽花花不發，無心揷柳柳成蔭。」於是搖身一變，我由電子公司的小女工，一躍進了特種部隊訓練司令部龍潭虎嘯電台的播音員了，從此生活、工作來了一個一百八十度的大轉彎，由呆板無趣的女工，搖身而成了諾大虎嘯營區天天爲特戰英雄們播音樂、放唱片、宣導政令服務。使嚴肅軍營注入一滴潤滑劑，是一件極具意義的好事情理想工作，從此我就早出晚歸、十分起勁的，樂此不疲的安心工作了。

後來因家住桃園八德，每天得趕早到龍潭營區，又因交通不便，使生活造成不少困擾，正好桃園有一家正聲廣播電台招考正式播音員，我也想去應考，就設法提出辭職，誰知當時的特戰司令官華心權中將，聽慣了我略帶陝北鄉音的國語，換了新播音員，竟然十分不習慣，要求一定要把我請回來，那時奉命前來我家當「說客」的，就是當時任司令部心戰官的黃家瑾，我覺得不好拂司令官的好意，就答應回來再做一個階段，等他們找到合適的播音小姐時再行離開，又有誰會想到這次和家瑾邂逅，竟敲開了我倆彼此熱愛的大門。

兩個月後，司令部有位同事結婚，我和家瑾同被邀請參加婚宴，那天晚上，天忽落雨，餐會後家瑾體貼的坐三輪車送我回家，兩人在小小空間裡近身接觸，竟釀造出一份奇妙的情素，家瑾情不自禁的向我提出：第一次郊遊約會，我一時基於少女的矜持，竟婉轉拒絕了他，這使事事好強的家瑾暗然神傷，逼著他採取迂迴攻勢，和我慢慢地秘密交往下去，後來經過野柳、石門郊遊及多次約會，看電影，純吃茶和郊外共遊的狀況下，使我倆的愛情飛快進展，已到了「心心相印」「情影不離」的甜美境界。

牽手同心共組甜蜜小家庭

我們就在正式交往兩個月後，經由熱戀——家瑾熱情奔放柔情似海，一片深情竟打動了我的心，一向理智的我，還是舉雙手「投降」了，經徵得我父、母同意，於當年六月九日訂婚、自然不免俗的買金飾、項鍊、衣物等，還買了當時最出名的掬水軒喜糖，分發親友和同事們，引起大家的驚奇，為什麼事先很少人知道風聲，說我們不虧是革命軍人，真的「保密到家」了。一時竟獲得親友、同學、同事們一致的道賀和祝福。接著於半年之後的十一月十五日，在桃園夏威夷大飯店舉行盛大的婚禮、婚宴、賀客盈門，包括父親的同僚、眷村鄰居、親友們和家瑾和我的同學、好友，不約而同都來共襄盛舉，使婚禮非常熱鬧起來，再加上婚禮由特戰司令部同事們主動協助，會同我家親友，聯手策劃，結婚那天，均依照計劃順利進行而十分圓滿，特別邀請副司令夏將軍證婚，可見家瑾和我在司令部工作，是很受重視的。從此我倆牽手同心，爲營造甜蜜小家庭而齊心協力。婚後蜜月旅行我倆選了花東旅遊。讓美麗的蘇花公路和太魯閣壯麗山水，爲我們「山盟海誓」作見證，別具一番紀念意義存在。

相夫教子開創事業高峰

嫁作軍人妻，注定要獨立照顧家庭、子女，我當然也不例外，我出身軍人家庭，這層道理我心知肚明，隨著家瑾在事業上一步步高升，在家的時間自然愈來愈少，古時女人感慨「悔教夫婿覓封侯」，時代變了，我也具備了新時代新女性的想法，丈夫的事業前途，是整個家庭的前途，何況兩人相愛，爲什麼要計較「朝朝暮暮相守」，等家瑾事業有成了，我們共同享受成果，那才是正途啊！何況我素來理智堅強，這正是上天給我倆的考驗吧！而且家瑾熱情似海，不管在島內島外，經常打電話或寫信給我，互訴相思和恩愛的深情！生日或過年過節他總忘不了送小禮物爲我們母子慶祝慶賀，雖然他常居外島或軍中但仍然是一個好爸爸，除平常關心關愛外，每次休假回來，一定帶著兒子到處去玩，買玩具、衣物，每次回營，都對我們母子依依不捨呢！有時人在前方，過年過節勞年團或長官送家瑾的好水果和點心禮盒，他都捨不得享用，托人帶回家供我們母、子享用，或孝敬我父母，他是一個體貼的好丈夫、好爸爸也是一位孝順的好女婿呢！

家瑾正因爲家「無後顧之憂」，他才能在事業上盡全力向前衝，擴大了他的發展空間，自升上校後先是調東引前線二年，因工作績優，經長官肯定調台北衛北師政戰部主任，從此建立起事業根基，後調台南整訓，到金門備戰。又經艱苦歷練後，出任陸總政一處處長要職，其後調嘉義軍政戰部主任，成功嶺大專學生集訓班政戰部主任，他的堅持立場，奮力工作和優異表現，得到當時國防部總政戰部主任許歷農上將的高度賞識、肯定，七十三年遷升陸軍少將，隨後調任總政戰部一處處長，經兩年認眞工作，同時獲得國防部參謀總長郝柏村上將的肯定，使他後來發展一路順遂——陸軍北部軍團政戰部主任，國防部福利總處長，後升陸軍政戰第一把交椅——陸軍總司令部政戰部主任，從一個芝麻小小政工少尉，經過三十多年艱苦磨練，登上事業高峰，晉升陸軍中將，並爲當時二位軍事強人國防部參謀總長郝柏村上將和總政戰部主任許歷農上將，不次拔擢，快速歷練總政戰部副主任，並調警備總司令部副總司令；二年後退伍，他退而不休，又轉業退輔會事業單位幹了五年多。

家瑾一生在軍隊裡拼事業，我在家照料兒子長大，幼稚園、小學、中學，兒子聰明一路都表現一流，所謂「將門虎子」，我們兒子是一個爭氣的好孩子。高中畢業後，順利考上有名的國立政治大學企管系，在校成績優異，使父母十分欣慰；大學畢業後即服兵役，對軍人生活亦十分適應，等當兵回來考托福，即考取美國華盛頓喬治城大學，攻讀企管碩士，以優異成績畢業，家瑾和我曾連袂去美華府參加兒子的畢業典禮，並陪兒子作短期遊旅算是獎勵。家瑾和我都以獨立孝順，用功讀書的兒子是黃家的一大榮耀呢？後來浩兒就留在美國就業、發展，發揮所學所長，現在已正式取得美國公民身份了。

挑戰生命勇敢因應病魔博鬥

民國八十七年，親家宋府在元月嫁女娶媳，兩場熱鬧婚禮、婚宴，我們夫婦應邀作介紹人，在空軍活動中心禮堂及一家大飯店舉行，家瑾和我都和主婚人空軍陳築齡、趙知遠上將同台。而且家瑾當場講了許多祝福的話，談風笑生，幽默有趣，引起全場掌聲，他挺挺而立，侃侃而談，尚看不出一絲病容，就到當年三月，他發現胃部嚴重不適，經榮總檢查，初步認定是胃潰瘍作崇，投藥治療月餘無效，家瑾後請榮總程東照院長作精密核子新機器仔細檢查，才發現竟是患了嚴重的胰臟癌（學名壺腹癌）作怪，程院長立即要求家瑾住院複檢，並準備動手術切除，隨口問家瑾，家裡還有什麼人？告之兒子在美國華盛頓留學讀碩士，院長要求，立刻叫兒子回來，至此，我們開始覺得家瑾的病情已經很嚴重了。繼經榮總內科部蘇正熙主任親自主持複檢，即於三月九日進行手術，手術前蘇主任向家屬簡報：胰臟癌進入末期，手術的存活率只有百分之五，要我們要有心理準備。我唯有理智堅強面對，不敢將實情告訴家瑾，怕他一時受不了如此打擊。手術結果出奇的順利安全，使守在手術外的親友和護理人員十分高興，齊聲向我們祝賀、祝福。手術後在榮總住院療養一段時間，即出院回家休養；在我全心照料下，家瑾生活漸趨正常。這期間他曾多次參加親友餐會、高爾夫球俱樂部定期球會、退輔會事業單位，還為慰問家瑾辛勞和貢獻，安排了一趟組團赴加拿大期程遊覽，我們夫婦被邀參加，在加拿大美景如畫中，留下最後的雙雙儷影。家瑾在生病住院期間，並隨手寫下日誌，記錄手術後住院及在家療養期的點點滴滴，足見他是如何堅強的與病魔搏鬥，以挑戰生命。直到手術後滿一年了，多次經過化療無數，家瑾還是於八十八年三月十六日病逝榮總，使家人和親友痛徹心扉，一世英雄竟於壯年突然殞落，這是多麼令人不忍和遺憾之事。於四月十四日在將星雲集的治喪會和家人安排下，在台北市第二殯儀館舉行家祭、公祭，場面盛大，出席公祭的人數眾多，大殮後發引安葬汐止五指山國軍示範公墓，身後倍極哀榮。家瑾啊，我最摯愛的丈夫，從此升天，可是你那豪健爽朗的身影，永永遠遠活在我們的心中，願你平安安息吧！

緒言：黃家瑾中將生平事略

家瑾先生字佩萸，藉湖南湘陰，生於民國二十年九月二日。歷代耕讀傳家，仁厚儉樸，夙有美聲。先考漢憲公感於軍閥作亂，禍國殃民，而立志投身軍旅，獻身東征、北伐及抗戰諸役。惟因長年奔戰積勞成疾，錦堂棄養，時先生僅十有二歲，不勝哀痛矣。母周太夫人安懷知命，慈心偉教，含辛撫育子女八人，母儀淑德廣爲鄉里欽重。

先生自幼隨從先考轉戰各地，居無定所，學業輟續不止，漢憲公辭世，生計立陷困頓，孤兒寡母生活之艱辛，實難以言喩。唯先生向學意志彌堅，兼有大志，而先生平生忠氣如虹，報國心切，爲赴國難，旋繼漢憲公從軍之志，於民國三十五年投考空軍幼年班。三十八年隨軍來台，四十一年考入空軍官校三十五期學習飛行，四十二年奉准轉入政工幹校第三期本科班。

民國四十四年先生自政工幹校畢業，先後歷任各級政戰職務，績效卓著，鴻猷大展，德聲廣被，兼又好學敏讀，先後完成政校初、高級班，外語學校留美儲訓班及陸軍指參學院學業。民國六十三年晉任上校後，即擔任重要政戰主管，民國七十三年晉升少將調任成功嶺訓練中心政戰主任，廣惠學子，陶鑄群英，教化功深。後調任總政戰部第一處處長、陸軍第六軍團主任、福利總處總處長，對政戰工作，處事求實，求簡求新之改革，以及戮力提昇幹部素質，嘉惠三軍官兵福利，均懋績斐然，功高望重。民國七十七年調升陸軍總部政戰主任，並於翌年晉升陸軍中將，任內參贊戎略，革新政戰要務，深謀遠慮，剛毅明斷，全軍之政治作戰思想精神、軍紀安全、福利服務，因而燦然大備。民國八十年調升國防部總政戰部副主任，旋又調任警備總部副總司令，民國八十二年二月家瑾先生勳業永垂，盛譽榮退並轉任退輔會事業單位。

綜觀家瑾先生一生，緯武經文，器識高遠，而始終謀國以忠，任事以勤，待人以誠，功業超俊，而深得長官信賴與僚屬愛戴。軍旅生涯總計獲頒忠勤、雲麾勳章五座，干城、陸光等獎章二十六面，功在國家，德業長昭。

先生德配張素玲女士系出名門，軍人世家，端莊賢淑，相夫教子，母儀典範。而夫妻鶼鰈情深，於先生臥病年餘期間，接送診治，侍藥拔苦，巨細靡遺，超絕堅毅之精神，令聞之者爲之動容。賢伉儷育有一子志浩，美國名校喬治城大學企管碩士，親承庭訓，德厚流光，器宇軒昂，他年槐茂桂榮，自可指日而待。

永懷那堅強豪邁的身影　·14·

威武的黃家瑾中將

甜密的小家庭

甜密的小家庭

空軍幼校

空軍幼校

空軍幼校

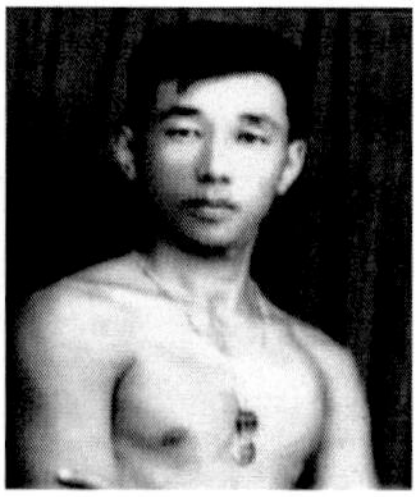
空軍官校

空軍官校

政校

尉官

尉官

官校

官校

官校

復興崗好友

從陸軍上校晉升少將

從陸軍上校晉升少將

從陸軍少將晉升中將

從陸軍少將晉升中將

從陸軍少將晉升中將

從陸軍少將晉升中將

從陸軍少將晉升中將

儷影雙雙

儷影雙雙

儷影雙雙

儷影雙雙

儷影雙雙

儷影雙雙

手術後夫婦加拿大旅遊合影

儷影雙雙

手術後夫婦合影

儷影雙雙

手術後與兒子合影

將門虎子

將門虎子

將門虎子

將門虎子

兄姐來台團聚

兄姐團聚

岳家親人

黃、安、宋一家親

黃、安、宋一家親

黃、安、宋一家親

待部屬如家人

待部屬如家人

待部屬如家人

待部屬如家人

卷二

千錘百鍊　攀登高峰

以誠心待人，憑良心做事

——我的座右銘

黃家瑾

黃家瑾，一個從空軍轉到本校十一隊與同學們共同渡過一段不算太長的學校生活的學生，畢業後自分發到退休，一生僥倖，歷經三十七年軍中生涯，階級從起碼少尉到陸軍中將，職務由最基層的連幹事到陸軍最高政戰中將主任，而至警總副總司令，足跡遍歷本島、外島、空中（空降部隊）、陸上（陸軍部隊）、海上（兩棲偵察隊）、八十一年限齡退休，輔導就業迄今，數十年默默耕耘，不計名利，總是抱著「以誠心待人，憑良心做事」的座右銘準則，從平凡中獲得一份自我成就感，也從不忮不求苦幹實幹中，贏得了長官的關愛。面對這樣一個多彩多姿卻又顯得平淡、平凡的過去，仔細回味，總算沒有白來一趟吧！感謝所有關心自己的人！

（轉載自政校三期同學畢業四十周年紀念文集84、5）

第一章 繼承父志 飛行報國

一、空軍幼年學校

家瑾本乎父親從軍報國的遺志，於抗戰勝利後的民國三十五年前後，就報考空軍幼年學校，誓志當一名飛行員，報效國家。當年考空軍幼校，雖係幼年生，仍需經過嚴格的體格檢查，凡體檢不合格者，即不能參加筆試，每期報名應考者甚多，卻只錄取三百至五百名，證明欲報考幼校，並不容易的。依據所蒐集資料及家瑾生平資料及家瑾生平紀錄上看：他民國三十七年已完成幼校初中學歷，五月曾接受空軍入伍總隊測候班（氣象）初期班三期受訓，六個月修業期滿，獲空軍測候訓練班畢業證書，（空軍入伍生總隊受訓期滿證書，茲有本總隊第三期測候初級班學生黃家瑾，十六歲湖南省湘薩人，受訓期滿成績合格，特給此證，總隊長勞聲寰，中華民國三十七年五月）。左下角貼家瑾光頭穿軍服照片——他並沒有到氣象單位去工作，一心一意要學習飛行報效國家。家瑾於大陸變色前夕，始跟從幼校由四川成都，輾轉江南而於三十八年春天，到達杭州「筧橋」，他的幼校學生制服照，上有「筧橋」字樣的胸章可證，而最後在三十八年秋天，隨空軍幼校遷來台灣屏東東港空軍幼校，繼續就讀高中的。原來空軍幼校學制，採三三制，即三年初中，三年高中，遷台灣東港後，改爲只收初中畢業生，家瑾當時已升高中，不受新學制影響。家瑾在幼校不僅學業優異，而且長於運動、證諸空官校三十六期同學牟其卓親告：「空軍幼校主要培養學生合乎空勤軍官體格，家瑾喜歡運動，好打籃球，身材高大健壯；頭腦靈活，精神充沛，是合乎空軍飛行員體格要求的高標準的人才。我們轉入政工幹校讀書的多數爲空官三十六期，家瑾是三十五期學長，比我們多讀一年空軍官校，多開了近一年的飛機呢」！

曾任空軍幼校政戰部主任的侯錫麟將軍，撰文發表於中國的空軍詳細介紹空軍幼校創建的始末、學制、遷台經過以及先總統蔣公創辦空軍幼校的深意，以及空軍幼校學生對抗戰、剿匪，反共復國大業的貢獻等，都有詳細述明，茲節錄重點於後，證明空軍幼校爲什麼吸引愛國青少年勇躍投考空軍幼校之根本原因；

空軍幼校係由先總統蔣公於抗戰時期手創，在民國二十九年第一期開始招生，分別在成都、重慶、芷江（湖南）、南鄭（陝西）、貴陽、桂林、昆明等地區設置招生辦事處，並函請海外各領事館物色僑生。當時以六年的小學畢業者爲對象，按說一個十二、三歲的小孩，讓他離開家庭交給空軍去教養，一般為父母都很難下得了決心，結果竟然有六千多人報名，但因限於員額，只錄取了三百人。並於二十九年十月十日舉行開學典禮，　蔣公以兼校長身分頒發訓詞：「崇墉九仞，必厚其基，峻嶺千尋，必登自卑，惟我空軍，嶽嶽英姿，下府雲漢，上接虹霓，咨爾多士，朝斯夕斯，論年則幼，用志不歧，宏爾造詣，正爾威儀，德與時進，學與歲馳，毋自暴棄，勿用詭隨，邦家杌隉，望爾匡持，驅逐寇盜，海宇清夷，雲程萬里，遠大為期。」從以上九十六個字的訓詞裡，我們可以確認　蔣公對幼校愛護之深，期望之殷了。至此以後，就以此訓詞作為幼校的校歌，朝夕朗朗在口，幼校同學們至今在腦海仍留下深刻的印象。

民國三十二年秋，第一期學生已完成了三次的初中學程，在升高中前夕，　蔣公又頒訓詞：「我們的責任非常重大，國家民族到了這種艱難的地步，我們如果不能復興，便會滅亡，各位賢明的家長將大家最疼愛的子弟，付託本校長，本校一定要領導這些子弟，使他們能發揮最大的力量，來完成救國救民的非常事業，才無負國家民族與各位來救國救民的非常事業，才無負國家民族與各位家長的希望。」蔣公語重心長，對家長們作了一番剴切的交待。

幼校創辦初期，校長係由　蔣公兼任，抗戰勝利，還都南京後，　蔣公辭去所有各軍事學校校長兼職，於是幼校的校務則由陳嘉尚負責（來臺後升任第三任上將總司令）。三十七年初，爲簡化體制，乃將幼校與入伍生總隊合併爲一，改稱「空軍預備學校」，幼年生仍爲其中一個班次，只是沒有幼校之名了。三十八年大陸危急，預備學校由大陸遷至屏東之東港，五十年又恢復幼校之名稱，但仍兼負空軍各校之入伍生教育，同時幼校的學制，也改爲招考初中畢業的學生。

侯將軍並述及空軍幼校歷屆畢業生許多優異表現：例如：

幼一期：趙知遠升至上將，在國防部副部長任內榮退；華錫鈞是空軍飛行軍官出國深造最早的一位，留美獲博士，晉升至上將，榮任前航發中心主任；周學春曾任中將後勤部司令；陳家儒、鍾德全、廖學文三人曾任中將。

幼二期：伍廷槐曾任中將副總司令；還有陳懷、田熙三、王兆湘、王獻亞、謝麟、張更生等同學均表現突出爲空軍英雄。

幼三期：林文禮上將曾任空軍總司令；何焯彥同學爲在美華人知名的教授，並曾參加國家機密科學研究部門工作；李銀波同學曾爲美國加州大學傑出的教授。

幼四期：有張崗陵等八位同學當選戰鬥英雄。

幼五期：傅京孫同學獲博士學位，榮任中央研究院數理組院士；王石生同學獲留美博士，曾任航發中心副主任兼中科院副院長。

幼六期：唐飛同學是惟一晉升至一級上將的，先任總司令後又升參謀總長、國防部長，並一度組閣擔任行政院長；本期中當選之戰鬥英雄達十四位之多。

幼七期：以後以至近幾年，幼校各期同學將校雲集，人才濟濟，仍爲空軍的骨幹，在「爲國家民族負有至高無上的使命」昭示下，戮力奮鬥，建樹殊多。

証明空軍幼校自建校開始，就吸引成千上萬的愛國青年，幼年愛國學生，投筆報考，而家瑾將軍小小年紀就承繼父志投考空軍幼校、官校，學習飛行報國正充分表現他忠黨愛國的崇高理想是時代青少年的優異人物。

二、空軍軍官學校

民國四十一年，家瑾自空軍幼校高中畢業，當年夏天，即報考空軍官校35期，根據家瑾空官同期同學，家瑾和編者都認識的好友曾當過空軍飛行聯隊長的周慶來將軍，所提供簡明實在而可貴的眞實資料指出：

我與家瑾學長於民國四十一年夏天，在投考人數達萬人中很幸運被錄取；進了空軍官校卅五期，因學習飛行身體要求甚爲嚴格。全台入伍齊向位於屏東縣東港的空軍預備學校報到，該年八月十一日，舉行開學典禮，學術科相當沉重，採陸軍徒手教練，持槍教練，實彈射擊野外戰時教練等，有一套完整嚴格的陸軍教育。學科則有國文、教學、理化、史地、空軍常識、陸軍戰術及政治課程等，入伍教育於四十二年二月九日完成。

四十二年二月十六日離東港赴虎尾，進空軍官校初級班，學習飛行，開學典禮由校長親自主持，校長訓示：飛行訓練採淘汰制，將來遭受淘汰的同學，不要難過應當鼓起勇氣向其他方面發展。

飛行訓練有很多考試，如：單飛考試，程序考試。結束考試，進度考試，每日八時晚點名，經常宣佈停飛名單，我們飛行五小時進行考試，就淘汰了四十餘人，當年初級飛行，就淘汰了一百四十餘人。

周將軍在寫給我的信最後頗爲感慨的寫出：

因時間已久，已不記家瑾學長何時離開，但我認爲他離開空軍飛行這一行，是上天故意的安排，因爲以他的個性、能力是要他去服務更多的人，而事實證明，他從事政戰工作，不正是要他去服務更多官兵，和人群嗎！

有不少空軍先進，在中國的空軍先後發表了不少文章，寫出他們當年爲什麼競爭熱烈，一定要投考空軍官校立志飛行報國，一生一世認爲自己投入空軍是平生光榮。茲選錄部份有關介紹空軍官校的創立成就，和在抗日，剿匪反共復國中的光榮史實，以驗證爲什麼千千萬萬的愛國青年要勇於奉獻犧牲，而投效空軍從事飛行報國的。

「空軍官校」——一所文武合一，注重德、智、體、群四育並重的學府，是有爲青年實現飛行的夢想，開創未來事業及前程最理想的抉擇。

空軍官校創校與中國空軍的建軍發展有密不可分的關係。先總統 蔣公稟承 國父「航空救國」之遺志，於民國十八年在南京創立航空班，是官校建校之始。民國二十一年改航空班爲中央航空學校， 蔣公親兼校長，設校於杭州筧橋。二十六年抗戰軍興，航校輾轉遷至雲南昆明，二十七年正式定名「空軍軍官學校」。抗戰勝利後復校筧橋，嗣因中共叛亂，乃於三十八年遷校至岡山現址，四十九年改爲四年制大學教育。

爲了提高空軍素質，適應空軍建軍發展的需求，空軍官校於民國四十九年九月一日改行四年制大學通材教育，並於四年教育時間內，同時完成大學理工科課程及飛行訓練，畢業以後，以空軍中尉任用，並授予理學士學位及飛行專長。

該校的教育內容，分三個階段：大學通材教育，飛行訓練，暑期教育。大學通材教育必須完成以下學科：

一、基本科學：包括數學，物理學和化學等。

二、應用科學：包括地圖學、應用力學、材料熱力學、飛機學、管理學、空氣動力學、太空航空學、電工學及電子學等。

三、社會科學：包括　國父遺教、領袖言行、通史、中國近代史、心理學、財政學、哲學概論政治學、經濟學、法學緒論、國際組織、國際現勢、匪黨理論批判、國文、英文等。

四、軍事課程：包括軍事哲學、飛行學、飛機裝備、空軍轟炸射擊學、空軍戰術、作戰情報、作戰管制、軍訓及體育。

五、選修課程：包括應用數學、第二外國語、現代物理、航空材料與試驗、火箭推進學、飛彈學及自動控制學、以及電子計算機等、總計十五門課。

另外一項重要的教育內容是飛行訓練：

一、首先第一階段的起落：航線及性能課目約七至八課後，由合格之考試官鑑定單飛考試。

二、第二階段：通過測驗後方可進入單飛訓練，如果經過大約二十五個小時仍無法完成單飛考試，則必須面臨淘汰的命運，若完成單飛後則進入第三階段訓練。

三、第三階段：爲綜合訓練階段課目爲性能、特技、儀器、編隊、長途、夜航及單飛等基本課目約六十個小時。在訓練過程中每一課目若未達標準，經由兩位考試官鑑定不及格後，亦須淘汰。

基本組完訓，如果一切順利過關，才依個人的能力或性向，分發空運組飛運輸機或戰鬥組。戰鬥組專門培養戰鬥飛行員，這裡有最優秀的飛行教官指導學生學習飛行，一切依照訓練計畫及課目實施。由於是高難度的飛行訓練，因此它的內容相對地也豐富了許多。當然一切還是得從起飛、落地開始，學科、術科也越來越深入複雜，使學生們漸漸適應噴射戰鬥機的飛行訓練。

空軍官校是國家培養飛行人才的一流學府，各項現代化的設施應有盡有，充分提供學生成長茁壯的環境和機會，包括有：

一、新穎的教學設施——電腦教室、視聽中心、圖書館、星象教室、模擬機、教練機等。

二、完善的運動場地——體育館、棒球場、田徑場、足球場、籃球場、游泳池、高爾夫球場。

三、活潑的課外活動——社團活動、校際交流、各項競賽、禮儀訓練、ＭＴＶ等。

學生畢業後，除以空軍中尉任職外，並須授理學士學位，同時還可以報考國內、外研究所，攻讀碩、博士或接受各級軍事指參教育繼續深造，未來發展的空間，極富選擇及多樣性。

總之，當時的愛國青年人人滿腔熱血，咸認爲投效空軍，乃直捷殺敵報國的最好最快途徑。事實證明，亙抗戰，剿匪戰役台海，空軍健兒英勇戰鬥，屢建奇功，對多災多難的國家善盡了最大的責任。家瑾承父志，小小年紀投考空軍幼校，立志學習飛行，正是此一光榮傳統精神的發揚光大啊！

迨至抗戰末期，蔣委員長在電台發動十萬青年十萬軍號召，在很短時間內，全國大專高中青年學生都前赴後繼，投效國軍，體格合乎空軍要求的，第一志願投效空軍官校，有的高中生、大專生，進不了空軍官校學飛行，能進入空軍從事機械、通信等地勤工作也行，編者服務空軍有年，認識許多長官都是響應蔣委員長號召而投考空軍的。台灣經濟大師李國鼎部長，聽說在抗戰時期，一度出任江西一機械廠少校廠長呢！

第二章　復興崗上　革命洗禮

家瑾、郁健、和編者三個人都是政工幹校三期本科班（政治科）的學生，同期、同隊、同一教授班，共同投入這座文武合一的革命大洪爐中，接受文武合一革命洗禮的。可說是難兄難弟。家瑾係由空軍官校轉來，他在空軍幼校官校苦學了七、八年，受停飛挫折而轉進幹校的；郁健和編者，則是從澎湖三十八年，跟八千山東流亡學生集體從軍，在前線當了四年大兵，經過艱苦磨練，考進幹校的，由於三人同樣帶著一股透骨的傷痛而來，對於這千載艱逢的進修機會，特別珍惜，這是我們平生向上發展的最重要轉捩點，足使我們可以自我提升，力爭上游，爲各自前途開拓出一條新的出路來。

關於家瑾能夠由空軍官校轉來幹校，他曾親口對編者說過：原來他們空軍官校35、36期停飛同學近百人，大部份志願轉入空軍機械學校，空軍通信學校繼續深造，將來在空軍地勤部隊從事飛機修護及通信航管任務；台灣有家考入官校的高中學生，也多選擇回老家，自尋出路，只有他們少數從軍中考進空軍官校的二十多人，不願轉入空軍地勤，被迫臨時集中東港幼校，他們入伍教育所住過的營房待命。他們面臨著走投無路的窘境，有一天，機會來了，當年的總政戰部主任蔣經國先生到空軍幼校巡視，家瑾自抱奮勇，率同代表數人，當面向經國先生求救，經國先生和靄微笑中聽完了他們的報告，馬上以政工幹校創辦人身份，滿口答應：「願意轉入政工幹校學習進修的，可以轉入第三期學生班就讀。」於是才有他們二十多位同學一起轉進政工幹校三期深造，接受文武合一革命教育，好爲自己開拓另一片光明的前途。

家瑾於民國四十三年，在幹校三期入伍教育完成，爲韓戰歸來一萬四千反共義士輔導就業返校，實施分科教育之時，轉入幹校三期本科班，編到第三大隊，十一中隊與郁健和編者同期同隊同一教授班學習，三個外表看上去性格截然不同——黃堅強爽朗、安沈穩實在、而編者則外柔內剛，但我們每個人的內心皆抱著一樣的報國熱忱，都一齊沈潛下來，全心全意的接受革命教育的洗禮，將來好爲多難的國家，奉獻出自己的力量，也正由於志同道合而開始締交，結爲知心好友，終生相互鼓勵、策勉、協力、經過一連串的艱苦奮鬥。克服層出不窮的挫折磨練，各自找到一片安身立命的新天地。

本科班（政治科）原是幹校教育訓練最基本的科系，除傳授大專基本課程之外，尤重學習研究革命理論，熟練政治作戰技能，研究革命戰法，探討主義、思想、信仰、信念精神教育之實施等，爲建立一支有組織、有思想、有戰鬥精神新的堅強國民革命軍，好迎接未來反共復國的聖戰，來爭取最後的勝利。政工幹校係蔣經國先生，承先總統蔣公訓示，於四十年任國防部總政戰部主任時所手創，基於國軍整軍經武，保衛金馬台澎安全，進而推動早日光復大陸，而建立這所文武合一的革命學府。前面數期同學，多數來自陸、海、空三軍部隊基層的士官兵，身受失學之苦，今逢機會接受文武合一的大專專科教育，大家從四面八方爭先爭赴復興崗革命學府，接受革命洗禮，好爲苦難國家出一份力量，也爲自己事業前途建立起穩固的基礎。

關於政工幹校創校教育宗旨，教育內容和基本精神參考政戰學校校史以及新聞系主任林大椿教授所撰：復興崗建校三十二周年，在復興崗年報中所刊專文中指出：

（一）政工幹校教育本質：

蔣經國先生出任國防部總政戰部主任以後，遵照先總統蔣公「建國必先建軍，建軍必先健全政戰幹部」之訓示，於民國四十年創辦政工幹校，咸認爲「軍隊要有主義、立場、有血肉、更要有精神。這都是革命政工產生的因素。」而且「現代戰爭實在是思想戰爭，是組織戰爭，更是以政工爲主力（精神）的戰爭。」

所以幹校教育以政治作戰爲主，教育重點在確立政戰理論體系，研究政戰戰略戰術，創新政戰具體作法，培養政戰工作幹部。為進一步達成建軍備戰反政復國之神聖任務，積極的培養思想正確、品德健全、黨性堅強，能奮鬥、肯犧牲之忠貞革命鬥士，以期早日完成國民革命第三期之任務。

蔣總統經國先生亦認為，「革命幹部的特質有四：（一）絕對性信仰主義。（二）無條件服從　領袖。（三）不保留自我犧牲。（四）極嚴格執行命令。」此是所謂「復興崗精神」。

（二）幹校精神

本校的精神，事實上也是和黃　埔精神一致：

絕對性信仰主義（團結精神）

無條件服從　領袖（服從精神）

不保留的自我犧牲（犧牲精神）

極嚴格的執行命令（負責精神）

同時，也和國軍信條一致，即：「冒人家不敢冒的險，忍人家不願忍的氣，負人家不肯負的責，吃人家不能吃的苦。」

（三）幹校學生典型

開闊：不可小氣、陰險、近視；要志高、識遠、量大。
大方：不可營私、爭權、輕浮；要豪爽、謙讓、公正。
忠厚：不可刻薄、變節、偏執；要律己、容人、博愛。
實在：不可虛僞、誇張、空洞；要慎獨、隱藏、力行。
澈底：不可猶豫、妥協、馬虎；要負責、勇敢、戰鬥。

本校教育以培養篤信三民主義，服從　領袖，忠愛國家，並富有責任心、榮譽感之革命幹部爲宗旨；以達成統一軍隊意志，團結官兵精神，造成戰無不勝，攻無不克之國民革命軍爲基本任務。因此，本校教育既不同於一般的軍事學校，亦不同於一般的普通大學。它既不是知識的販賣部，更不是升官發財的階梯；它不僅順應當前革命時代的要求，而且要擔當國家民族萬載千秋的歷史重擔。

先總統　蔣公曾明確指示：「政工幹部學校是今日培養革命政工幹部唯一學校，希望全校師生，深體責任的重大，親愛精誠，踐履篤實，遵循文武合一、術德兼修的教育宗旨，貫通以哲學、科學、兵學爲一體的革命教育理想，培養具備智、信、仁、勇、嚴武德的中興復國幹部，以完成國民革命的第三期任務。」三十多年來，復興崗的全體師生，均能深切體認
蔣公殷殷期望，拳拳服膺其諄諄訓示，要大家肝膽相照，無欺無妄，使復興崗的子弟，皆

成爲「胸襟開闊、態度大方、待人忠厚、做事實在、革命澈底」的忠貞幹部，所以不論在何種工作崗位上，都能「吃人家所不能的的苦，冒人家所不敢冒的險，負人家所不肯負的責，忍人家所不願忍的氣」，在舉世滔滔，國家多難之際，不談富貴，不問行藏；只要反攻令下，必然奮勇率先，二期同學在東山島浴血作戰，壯烈犧牲；即已建樹起「不怕死」的典型。

第三章 陸軍特戰 嚴酷磨練

幹校三期學生於四十四年六月一日畢業，由學校通令分發，同學們照著命令，揹起行李捲，就各奔前程，人人懷抱滿腔革命報國熱忱，準備到部隊去大顯身手。家瑾和郁健各自分發到野戰部隊基層連隊，擔任政工官，編者則有幸分發到預訓司令部所屬步一團（後改稱訓練中心），負責新兵訓練，照樣派任連隊政工官，兼代指導員，當時基層連隊欠缺政工人員已久，多數單位均需以政工官兼代連隊指導員（後改稱輔導長），我們患難三兄弟自然不會例外，這也就是說，剛出窠的笨鳥，一開始在工作上就得「一個趕倆」，大家初出茅廬，滿腔熱血的青年，遇到百廢待舉的千頭萬緒新局面，眞不知道從何處下手，只好硬著頭皮，開始摸索著快一點進入狀況，實際上卻是「事倍功半」，效果不著。如此光景，使我們這些熱血青年，如同澆了滿頭冷水，盡管不會灰心喪志，但那股勇不可擋的革命熱誠，和急切報效國家的初衷，卻大受挫折，惟有更堅忍、更努力、以求改善工作環境，自然部隊基層政工工作，必須從服務士官兵，教育士官兵，從頭作起。當時陸軍野戰連隊毫無章法可言，對人事作業規定，也沒有人清楚，像家瑾這樣積極苦幹的人，竟漏辦了他的例晉中尉這件大事，這點使處處好強，任事積極的他，自然心生不快，沒有好辦法補救，只好坐等來年了，家瑾和郁健就如此在部隊基層苦幹了兩、三年。

精選進入特戰部隊：

民國四十七年，先總統蔣公爲準備隨時反攻大陸，特親令挑選國軍菁英軍官，正式成立特種部隊，並派易瑾中將出任特種部隊首任司令，郁健於四十七年五月調進特戰部隊，接受嚴酷的特戰訓練，家瑾比郁健稍後（四十八年八月）編入一總隊五大隊，後調司令部偵察大隊四中隊，和同一大隊的同學胡升堂、申玉良交往密切，一時被稱爲特戰「三劍客」，共同在特戰部隊，接受一連串的嚴格訓練。當時特戰訓練高度保密，外人只略知進入特戰部隊，要先練習跳傘，並參與特戰部隊戰鬥技能訓練，及作戰演習等，主要任務即在反攻大陸時，特戰部隊先期跳傘進入敵後，內、外響應一齊支援登陸軍隊，共同展開攻擊敵人行動。後閱胡升堂將軍「當年回憶錄」，方知特戰訓練的要點：

一、跳傘訓練——三周：先在地面練習滾翻，吊架、跳台，擺動著陸和跳塔，其中跳塔比較具挑戰性，從三、四十公尺跳下，常令初練跳傘的人心驚膽跳不已。最後一周方從事正式跳傘訓練，包括白天、夜間，不良天候下都要經過訓練，以適應敵後作戰空降任務之需要。

二、成軍訓練——三周，包括特戰技能基本訓練，特戰戰技訓練，並進行部隊綜合演習訓練，有時三天三夜，平地山地惡劣地形特戰演習，以利隨時迎接特戰任務之遂行。

三、戰備訓練——經常反復實施，諸如特種作戰、特攻作戰、游擊作戰、山地、森林作戰、情報作戰、以及野戰求生訓練等，不論白天晚上及惡劣天候地形等都要經常實施。最後更作綜合投入作戰場演習，立遺囑，密秘於夜間行動，上了飛機，有時飛幾個小時，又回到基地，使坐在機艙的特戰隊員，根本分不清是演習，還是飛赴戰場呢？

家瑾服務的空降偵察大隊第四中隊，後來編爲特戰指揮部船舶中隊。他在特戰部隊接受嚴磨練，並不以爲苦，他們認爲這樣才算是一個堂堂正正的革命軍人，所以都認爲平生能參與特戰部隊，是畢生的榮耀。

家瑾在船舶中隊曾接受新任務：

迄至民國五十三年，國內外情勢演變，使反攻大陸受阻，特戰部隊除照樣訓練參與特戰的新人新幹部外，部隊也開始負擔防衛台灣，待機光復大陸，完成反共復國的機會到來。家瑾服務的船舶中隊，改派駐基隆海岸，負責海上及對岸情蒐工作，對外稱「漁業公司」作爲掩護，因爲該中隊主要編組成漁船隊，與民間漁船合作，表面上從事海上捕魚，實際上透過漁船海上捕魚，掩護前線蒐集海上及兩岸情資的任務。並另編組對大陸沿海蛙人隊（俗稱水鬼）利用漁船載橡皮小艇，乘夜間登陸沿海岸地區甚至都市，刺探敵情。亦編組台灣沿海情蒐組，以快艇巡邏台灣沿海一帶，嚴防敵人偷渡滲透（因爲這部份是特戰部隊高度機密，早年雖聽家瑾簡單提過，未敢詳問）。家瑾任副隊長兼任稽核，天天面對那些皮笑肉不笑的商人虛僞面孔，使他難以忍受，一個堂正革命軍人，怎麼會論落於如此不堪環境之中，這使他情緒低落，很想跳出去另尋出路。到民國五十五年元旦，他升少校，調中隊輔導長，開始綜理全隊政戰工作，始漸漸安定下來，在別人雙喜臨門，必定十分高興，但家瑾卻認爲：「這下子又把自己拴住了，只好接受命運安排，安靜下來專心工作，以待好機會到來。」

附錄：

家瑾於五十四年苦悶時期寫信給編者和好友胡升堂將軍的信摘錄如下：

（一）給編者的信，例如：

五十四年一月：很羡慕我能考進夜間大學，讀中國文學系，另一位向志進學長讀淡江英文系，家瑾自己夢想有一天能考進文化大學，讀大衆傳播系，很適合自己的志趣。

五十四年三月：由於心情久佳，自卑感油然而生，同學都說我小宋很能適應環境，他願跟我學一學，日子會好過一些。

五十四年八月：他說他無法調任台北的軍事機關和學校，根本不允許報考夜間大學，只好認命了，又調升了隊輔導長，不是天天直接面對隊商人嘴臉了，心情稍微穩定下來，專心投入工作，且會忘記一些煩惱了。

（二）給胡升堂將軍的信，計有二十多封例如：

五十四年初所寫，是開始面對商人嘴臉非常不習慣因而苦惱難受；接下來的信希望變換一下環境，或出國一趟（他已受過外語學校留美儲訓班訓練）；至於與女孩子交往，戀愛，一旦工作職務暴露，大都退避三舍，只剩自討苦吃而已；想外調台北軍事機關，考學校也沒辦成，最低希望想回龍潭特戰司令部也沒門路；外人說他自大驕傲，甚至狂妄，但自己內心卻十分自卑，他只是堅持立場作一個堂堂正正的人，不跟人家「同流合污」而已，竟被許多人誤解了。有一封提到：他生日那天，憶及生他，撫養教育他長大的母親，認爲平生未能對母親盡孝奉養是惟一的一大憾事，「鐵漢柔情」，讀之令人同掬一把熱淚！

五十四年九月十八日：自己心情不佳，想藉讀書沉靜一下都無法如願；檢討自己太純真耿直，卻成了別人的眼中釘，他無法忍受那些虛情假義的可惡人嘴臉，自覺生不逢時，使英雄無用武之地，只好少說話多做事，以求安心於工作，等待出頭之日。

五十四年十月三十一日：限於環境，「混吃等死」不是辦法寧願自己作一個傻瓜，且又自我安慰的說：老朋友，別擔心我會好好的演完我自己這齣人生大戲的，一般人習慣說好戲在後頭嗎？也許有一天走了運，會唱齣好戲讓朋友瞧瞧的。並希望今後像一個教徒一樣，懷抱宗教阿Q精神，作一個名符其實的阿Q，也許會心安理得些並用毛筆抄了一節宗教家的祈禱詞，作爲自己的座佑銘呢。

節錄：家瑾將軍寫給好友胡升堂的長信片段及其抱持宗教阿Q精神的禱詞於後。……

（民國五十四年十月三十日）

這些日子來我甚少外出，我想摒棄一切不必要的應酬，也不願意去找那些不必要的煩惱，每天除白天或夜間時針除六到十二兩點十二到十這樣結束一天，同時我也很少講話，我說什麼呢？對誰去說呢？還是把它放在肚子裡算了，若說又學歌，一位小妹來叫我陪她去咖啡廳，出了一次公差，這也除那邊回來以後第一次出遊，這也可說人生舞台的一部份。老朋友，別擔心，我會好好的過完我自己這齣人生的戲的，一般的習慣不是說好戲在後頭嗎？也許有一天我走了運，會唱齣好戲，讓老朋友瞧瞧的。我現在的作風是象棋子式，這是我的新創名詞，因為我的價值就是象棋中一個小卒

3、你們要放在那兒，就放在那兒，反正不能自主，能在一定的位子上等主子們役使賣力，也算是不虛此生了。阿們。

祝福你

愉快

劉俠

十月廿日（民54年）

最完美的禱告。

主啊，讓我做你的工具，去宣揚和平。

在滿是憎恨的地方，我要播下愛心的種子；

在滿是創痛的地方，我要播下寬恕的種子；

在滿是疑慮的地方，我要播下信心的種子；

在滿是悲哀的地方，我要播下希望的種子；

在滿是黑暗的地方，我要播下光明的種子。

神聖的主啊！

願我不企求他人安慰，只求安慰他人；

不企求他人諒解，只求諒解他人；

不企求他人撫愛，只求撫愛他人。

因為在施捨中，我們有所收穫，

在寬恕他人時，我們也被寬恕；

在喪失生命時，我們將復活而獲得永生！

～法蘭西斯～

願以此為座右銘，與志同朋友共勉！

躍升上校調東引歷練

家瑾在基隆船舶中隊服務滿二年後，始調任幹校老校長王永樹出任特戰指揮官，兼特戰學校長時的待從秘書，從此他的工作始納入正規，後任特戰指揮部中校心戰官、特戰學校中校科長，並認識時在虎嘯營區擔任播音員的張素玲，一見鍾情，半年之內，相繼訂婚、結婚、建立溫暖小家庭，次年生下兒子志浩，夫人賢慧，相夫教子，是標準的賢內助，一面工作，一面照顧家庭，使家瑾放心下部隊歷練，致力於事業發展。到六十二年，特戰部隊任務正式結束，併編於屏東空降司令部，家瑾得學長、好友鄧宗惠協助，調任陸總部政五處上校職高缺，因工作表現績優，獲晉升上校，並於六十三年六月，奉調東引前線指揮部政戰部副主任歷練，說歷練不如說磨練眞切，在那個「爹不疼娘不愛的」的艱困環境中，直接上司多數到前線過水升官來的，所屬又多混日子，無能又不肯好好幹的散兵游勇，他這個副主任，竟挑起了東引戰地政戰工作大樑，忍辱負重、埋頭苦幹，將前線政戰工作，作的有聲有色，好處長官獨霸，他只有受苦受難的分，雖然歷任東引指揮官認爲他是一位模範政戰幹部，值得提拔，應該得到順利向上發展機會，他們也深知，雖然曾利用機會向來馬祖東引的政戰高曾一再推薦，也沒有發揮一點作用，使家瑾始終難脫離苦海。他得剛到東引時的首任指揮官，梁鳳彩將軍賞識，梁將軍因任東引指揮官工作績優，後直升馬祖司令部司令，經他一再向前來視導的總政戰部主任王上將當面多次眞情推薦，且經化公親自多次到東引訪問，驗證家瑾在東引任事負責，績效優異，始將家瑾在東引服滿二周年後，調他任台北衛戍師政戰部主任，證明長官英明，決不會使好幹部永遠被埋沒的，家瑾在東引基層所受的磨練，所受的苦，終於得到了報賞。他在東引兩年，留有詳細日記記述其工作推展，內心所受折磨等等都有眞實紀錄留存下來，特摘其日記要點，以證上述文字之眞實可靠。

附錄：

家瑾服務東引前線日記摘要：

家瑾民國六十三年年六月一日調東引服務，自六十四年一月一日有日記留下來，記錄他服務東引期間的工作、待遇和受的折磨。

六十四年一月一日　當時他調東引服務已滿七個月，面對上面來戰地過水而升官的直屬長官和不願意認眞工作混日子的屬下，他這位滿懷革命熱忱的漢子，竟毫無計劃的忙，沒有目的的忙（爲人作嫁），新年開始指揮官和頂頭上司，都有調升的消息，梁指揮官將直升馬防部司令，主任也希望調軍團政戰部主任，孤苦奮鬥的自己，卻只有任人擺布的命，內心底確覺得不是滋味。

六十四年四月六日　驚聞先總統蔣公崩逝，從電視上看到全國軍民同胞一致哀悼，自己也邊看邊流淚。奉命明天舉行東引地區追悼會，政二科手足無措，他只好自己出面，那些下屬照指示竟不會幹，使他悲憤中發火，在他親自領導下，總算當天佈置好追悼會會場，及必要的精神佈置和標語，主任從頭不問不聞，好像只有他一個人在意蔣公逝世追悼大會似的，實在令人心冷。

六十四年五月十日　指揮官略知我與安全局局長王永樹老校長的關係，知道我曾任王局長侍從秘書，特寫信給安全局王局長，讓他特別提拔我，指揮官十分肯定我在東引前線從事政戰工作的績效，只是他並不知道，老校長帶過多少部屬、學生，不可能對我這個芝麻小官，特別的保舉重用我的，陸軍上下多數人認爲我能從特戰基層調入陸軍總司令部發展，必定是得到了老校長的提拔、推薦才能進入陸總司令部發展的，全是片面意測之詞，以訛傳訛使我的前途發展蒙上陰影。

六十四年七月六日　有一批大陸義民向馬祖投誠，照指揮官的意思要原船全部遣返，我認不宜，主任又拿不定主義，逼著我直接拍電報給總政戰部王上將，始奉化公指示照義士志願，願回去的回去，不願回去接來台灣安置，使本方案順利解決。

六十五年二月八日 爲呈報年度特保最優人員，指揮官屬意保舉我，誰知到了蔣主任那裡，卻都當仁不讓，一定要保舉自己，蔣主任本來是來混資歷升官的，對工作始終不願進入狀況，認眞工作，又怕我擋住他的光環，我請他幫助設法調回台灣，他又不肯，他認爲我可替他作好工作，反倒不願我調離東引前線，使我的處境分外艱困，認眞作事不行，不認直作事更不行，眞是惱人

六十五年四月十六日 忽接國防部急令，十九日赴國防部總長召見，我將調差這會是眞的。我乘航班返航艦返台，於十九日早上第一次穿軍裝進入國防部（總統府五樓）接受總長召見，總長詢及東引前線狀況，我一一簡略報告，總長點頭稱好告別。接著要見主任化公、親切的告訴我，台北衛戍師責任重大，要我一定好好的做，廿日晉見陸軍張主任，作業務交接，五月十日正式向台北53師報到，走馬上任。

東引指揮部政戰部副主任期日記及養生之道真跡

六十四年四月六、七日蔣公逝世之時：

北極探險家，羅白•皮列，一九〇九年本日抵達北極圈，爲人類進入北極圈之第一人。曾於一八九一年隨皮列探險之外科醫生，佛萊德•庫克，事後揚言彼之進入北極圈，較諸皮列猶早一年，惟無確證與收獲。皮列；美國海軍工程師，官至少將，解甲後，致全力於探險事業，三度深入北極，著作等身。對極地之開拓有殊功。其妻約瑟芬，兩次隨夫居住冰天雪地，著「北極行」一「雪中嬰」一等。後者爲其愛女生產於北極之實況報導。

四月小

6

星期日

乙卯年二月(大)廿五日

天氣：陰雨　溫度：15℃　地點：東引

清晨即傳惡耗。總統蔣公於昨夜二十三時五十分逝世。內心有着無限的哀傷。也為此中[illegible]行。早晨全體軍民佩帶黑紗章。指揮官也召集了各級幹部。傳達宣佈此事。並加深戰備。總統蔣公已病了一年多。今天部份的[illegible]院長經國先生已能繼承所有任。但对民心士氣仍如有莫大的刺激。蔣公一生為國辛勞。最後去台灣逝世。這該是一大憾事。今後順理成章的經國先生又肩負這個重擔。中午電視廣播。副總統嚴家淦先生已宣誓就任中華民國第六任總統。國防部當令全体停止一般康樂活動。這是一件悲痛的事。但似不要太影响民心士氣。看電視報導總統蔣公今逝世的消息。那又再度流下了傷感的淚。

如果落日的餘輝照耀到你的手，發覺它當天並沒有作過有價值的事，那天的時光你應視為已經失落。

—楊格—

270 • 108 • 96

四月小

7

星期一

乙卯年二月(大)廿六日
世界衛生日

一九四五年，我國及巴西代表，以保障二次世界大戰後人類之健康，以減低各國人口死亡率爲由，向聯合國建議，籌組「世界衛生組織」。次年六月於紐約召開國際衛生會議，與會者有五十一個，同年七月廿二日通過「世界衛生組織憲章」。爲喚起人類注重衛生，會一度訂定每年七月廿二日爲世界衛生日。一九四八年本日，「世界衛生組織」正式成立，並爲聯合國機構下專門組織之一，遂改定以世界衛生組織成立之日，爲「世界衛生日」。

故總統 蔣公悼念會及悼念有關規定，到今天才接發總部指示，一大早代表，把原則決定改二科去以下備，但到中午仍然一些籌備用心，不得已只有自己親自去指揮。國防部來電話，則特別行政助理官於李中將手下部指導。為了明天的大會，一直忙到夜間十一點半，才算完成今天的佈置，到不能與卅日的相比，但也可以算得上是很嚴肅穆。由於這件事情，才真正發現政二科不能辦事情，科長凡事只會這樣命令，諜報部又無能去支援，到今天主任說知道副主任到底做了些什麼。

晚上時以後雷雨交加，解除一下這多天的雨。

天氣：陰有雨　溫度：15℃　地點：東引

認識自身的缺點，是一個人最高智慧的表現。
—羅什孚科—

養生之道：

養身在動，養心在靜。

飲食有節，起居有時。

物熟始食，水沸始飲。

多食菓菜，少食肉類。

頭部宜冷，足部宜熱。

知足常樂，無求常安。

～恭錄陳立夫先生名言～

榮調台北衛戍師主任

民國六十五年五月，家瑾始由東引指揮部政戰部副主任，調任台北衛戍158師政戰部主任，五月十日正式向台北師報到，隨即密集巡視防區內各基層單位，以期很快進入狀況，並協助基層單位解決急待改善的問題。如在半個月後，他連續三次到陽明山擎天崗偏遠基層部隊，協助他們解決油料，電視天線等實際問題。當時駐防六張犁一七二旅旅處長胡治清中校，已奉命調國防部總政戰部服務，因接任處長久久未到，旅處長責任重大，他只好白天到國防部上班，晚上或假日，回到旅部加班處理事務，正逢家瑾師主任到任，白天、晚上密集巡視台北師防區各基層單位，有一天晚上，到旅部巡視，發現胡處長仍在加班辦公，問明原因，大受感動，除當面給予表揚外，一路照顧他，從成功嶺大專學生集訓班，以至國防部總政戰部一處處長任內，還協助他佔少將軍主任高缺。證明家瑾將軍確實是一位有情有義善於提拔部屬的好長官。請聽胡治清將軍在追悼家瑾逝世十周年的專文中的告白：

「陸軍一五八師時期，就是台北衛戍師，事繁任重。　家公是師主任，我在一七二旅做處長。相處約半年，我奉調回國防部政二處任參謀，民國六十四年三月接到命令，隨即由政一處人事主管電話通知『立即報到』，小單位調大單任那敢怠慢。立即向國防部報到。時陸總又有一說旅處長爲重要軍職，接任人未到職前不得離職，此情此景，叫我只好「陽奉陰違」，白天我到國防部裡上班，下班別人回家，我則回部隊處理處長工作，前後持續了近二個月。同年五用有一天星期日家公來黎和里旅營區督導，見到我問『你回來玩哪？』我面報白天赴介壽館上班，晚上與假日回旅處理事務。此一傻瓜表現，卻獲得家公肯定我負青盡職的表現。從此就認定我這個部屬還不錯，給自己辛苦近二個月最大的鼓勵與安慰。」

當家瑾對師管區內基層狀況，全部掌握以後，即回頭整頓師政戰部各科組有關政戰工作之推行是否落實有效，並且要求部屬都能貫徹他的指示和要求，齊心合力強化師政治作戰有關工作，全面做好照顧官兵，服務官兵的一切施爲。繼之強化榮團會功能；讓官兵儘量反映基層所見及意見；並改善官兵福利站經營方式，使官兵享受到眞正的福利，幹的十分有勁。

六十五年八月部隊調台南新化基地整訓，準備調金門接受戰地任務，家瑾發現新化基地，年久失修，破舊髒亂，他首先說服師長，請師長親自督導，加強基地整建修護，三個月下來，基地變得面目一新。此後，工作則放在部隊政訓、政治教育落實及政戰戰備方面。這期間他首次參加國軍軍事會議，對院長、部長、主任王上將各位長官的具體指示，他都一一仔細記下來，列爲今後工作推展的重點，並認眞執行。

六十六年六月二十八日，師移防金門，強化戰備，包括精神戰備爲主要任務，更進一步要求強化政治、政訓教育，遵照司令官和政戰部主任林榮祖將軍的指示，全面積極推動。且加強南雄師營區整修，爭取經費，強化官兵文康設備，以及建議設置官兵休閒中心，改善伙食，務求官兵吃的好，住的舒服，有休閒場所，和文康活動，以調節前線官兵身心健康，全心全意迎接作戰任務。未久調他出任陸軍總部政戰部第二處長，（未到任即改調一處），總算調離任職師主任近兩年的艱苦歷程。下面摘錄家瑾兩年師主任期間的日記要點，「以明他當時的心路歷程，和經過的艱困磨練」。

家瑾任師政戰部主任期間日記摘要：

六十五年六月七日　今日上午蔣部長突然來師巡視，聽簡報並詢問部隊實況，或許大家對部隊了解不夠深入，答話竟不夠理想，等部長離開後即召集處、科長宣達軍團主管座談要求事項，以及我的作法，下午並召集師直屬單位連級以上政戰幹部座談，宣達當前政戰工作重點，以求上下建立共識，積極推動工作。

六十五年六月九日　到任後，密集巡視師轄區內基層部隊以期盡快進入狀況，並發掘基層當前面臨著的急須解決的問題，協助解決。即回頭整頓師部政戰部各科室政戰工作，檢討推行政戰工作的困難，及是否落實有效，然後改善福利社經營，強化榮團會功能，務使下情上達，希望建立官兵共識，尤重政治教育、政訓活動之推行務期徹底有效。

六十五年六月二十五日　總部舉行年終檢討會，行禮如儀會議一整天，三、四十人齊聚一堂，聽訓示及又臭又長的報告，收獲不多，幾乎年年如此，還不如不開會。下午散會前總長辭行，六年總長，有依依不捨之情，化公隨行，簡略提示當前四大工作要點，倒是總司令十點結論，有指出當前應改進及工作重點，畫龍點睛，算是大會最大的收獲。

六十五年七月七日　爲處理陽明山竹子湖駐軍一士兵自裁案，因不夠冷靜，又爲自己上了一課，不管處理何要急事件，必須冷靜沉著，以求周延設想，圓滿解決，這是今後必須加強修練的大事，因爲職務愈高，責任愈大，對人對事，必須從容因應，不可草率而爲也。

六十五年八月十二日　部隊進入基地，先從整修營區開始，部隊集中管理，比過去在台北分散各地，比較好掌握，進行教育訓練，也較集中，節約人力物力，進入基地先分別與政戰幹部座談，溝通工作作法，以利推行整訓期間的政治作戰戰備訓練，尤其政戰戰備方面。

六十五年十二月四日　軍團袁司令來師巡查，走訪部隊一整天，發現師部隊，許多缺失，並要求改進，對師長造成一下刺激也好，事實證明：我們這支部隊已漸漸變質了，「兵隨將轉」，實在有其至理在。

六十五年十二月二十六日　參加國軍軍事合議，蔣院長親自主持，要求實事求是，一切歸向誠實，尤其在整軍建軍上，不可馬馬虎虎。總長指示面對當前國家處境，必須強化思想教育，加強精神戰備，使國軍團結精鍊，迎接時代挑戰。最後一天政戰會議，化公特別指示：善用組織，做好保密防碟，根絕敵人思想，行動滲透，挑起歷史重擔，決心爲勝利而生。

六十六年六月三日 總司令與張主任來師視導惠安演習（調赴金門演習）兩天，取消閱兵，聽取簡報後，舉行座談，我發言後獲總司令、張主任當面肯定，——證明我的長期努力工作沒有白費，我會後將報告親呈張主任一份，他認爲檢討內容充實，給我們加油打氣，使我深受感動。

六十六年六月八日 今日師於金門搶灘登陸，司令官及高級長官碼頭歡迎，即駐進南雄營區，當天安定下來。第二天陪師長晉見司令官，聽取工作指示，因政戰部林主任有事不在。幾天後我單獨去晉見請示工作南針，林主任係幹校一期學長，對學弟我十分親切，告訴我師到金門，政戰工作的重點，及注意事項，因氣味相投，日後相處甚得。

六十六年八月二十六日 蔣院長突然到金門視察，今日特別到師四七三旅與旅部官兵共餐，我趕去迎接，並作安排，院長十分高興，只是官兵服裝禮儀應多加注意改善。院長與我面對面親切交談，親切問話，使我感到特別親切。翌晨天亮，院長悄然離金。我這次親眼目睹，院長滿頭白髮，只有暗自祈禱，願老天保佑他健康長壽，帶領我們完成反共復國的重責大任。

六十六年十二月十五日　莒光日忙了一天，晚上在營務班吃晚餐，因火鍋加油精起火，燒傷我的臉，住院三天治療，幸無大礙，住院期間，引來不少長官屬下探視慰問，特別是司令部林主任來探視：並告我調回台北已成定局，難道眞的是「因禍得福」呼？

六十七年三月一日　調陸總一處，公文今日生效，是張主任主動將我自二處改調一處，他想我正直守法，依法辦調一處較宜，因二處處長未到，我只好兼代，今日赴國防部代二處長參加新聞處會議後，順道去國防部一處，拜訪郭篤周處長，誰知這位學長竟不諒解爲什麼我由二處改調一處，我則實在反應：全是上級長官安排，其實二處比一處好幹的多，我不會自討苦吃。

附錄：

師主任期日記眞跡：

晴 31°C 金門

在艇上渡過了舒服的一天一夜，一大早被曲俱引的廣播聲吵醒，也告訴了我將到達目的地，船停時是九點多了，到達搶灘，一切順利。司令官及長官等候在碼頭迎接，部隊就顯得零亂不整齊，這也說明了一個命令長級的程度，世領導幹部的素信心，那王旅長即是事後口說不已，最後的效果是令人失望的。

我雖然能做人的部分已盡其責，輕經，充滿了不舒服也不調和的感覺，一直到晚上才慢慢地得安定下來。

文生

來青島上第二天，上午和鄧書誠
去拜謁司令官及參謀長，參謀長指示很
多，也都只一一答應了，這兒只有頁下
收報機是很好的設備了，但體積相當
無可疑，不記前幾天大好消息了，直使不
在，只有以後再報機會去告訴諸
示了，林先生的作風，相見很能
通融的。
參謀長的一舉一動似乎都過及
常理，尤其對部下似有見怪信任侵犯
風趣態度而不承言，連深富那文書課
令部有些難言，只有等部長詳
談真是正。

晴

32

金問

第四章　一見鍾情，永結同心

引言：

家瑾和素玲相識，是在民國五十九年，他任特戰司令部文宣官的時候，當時素玲任特戰司令部龍潭基地廣播電台播音員，後因桃園正聲廣播電台招考播音員，素玲準備去應考，而辭去虎嘯營區的播音員職務。當時的基地指揮官華心權中將和官兵，已聽慣了她那美妙的聲音，捨不得她離開，就找家瑾這位文宣官，去說服素玲不要走，這是兩人首次意外邂逅，結果素玲留下來了，從此兩人陷入熱戀，可說是一見鍾情。此時家瑾已升中校文宣科長，沒隔多久，就戀愛成熟，即經徵得家長同意，舉行訂婚、結婚大典，下面的兩人相戀情書。記錄著他兩人愛的過程，濃情蜜意，不在話下，特影印相戀日記於後，以證彼此深情似海，永結同心，攜手走向人生新的里程。

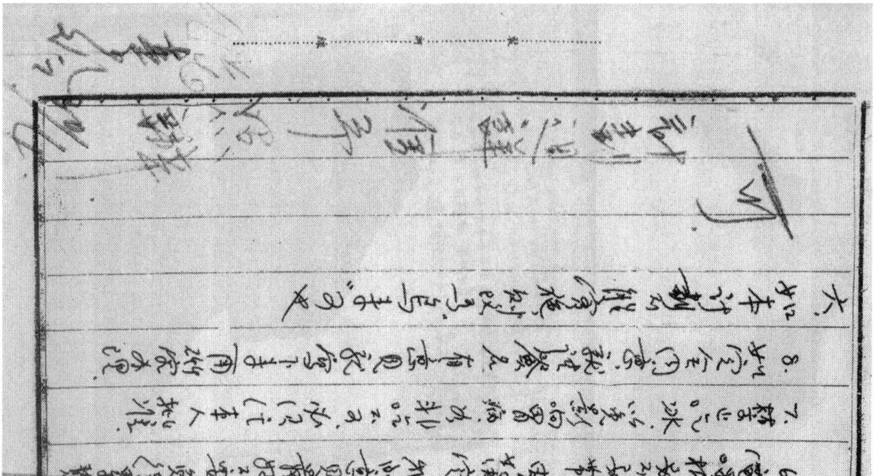

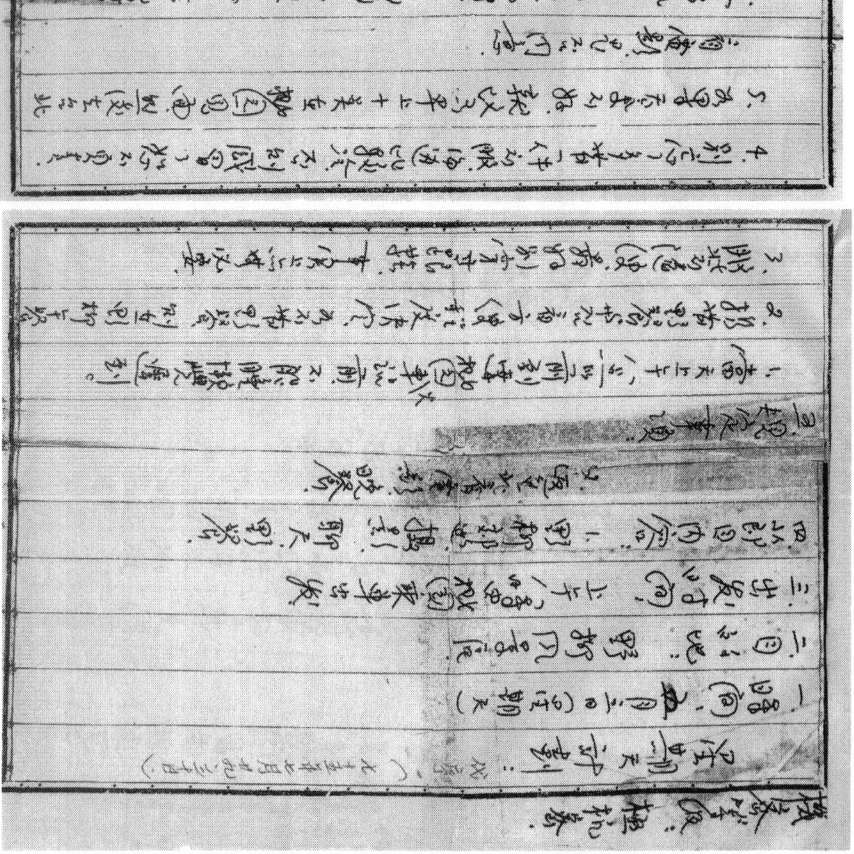

智者，思而後言；愚者先言而後思。

5月7日星期四 氣候 陰

該說是給你我的第一封信吧!

虎嘯廣播電台

1. 謝謝你那天陪了我一天，玩的十分愉快，希望你也有同感。
2. 照片照的不壞，只可惜樣子實在不够美了。
3. 你照顧的十分週到，我覺得得很十分滿意嗎：
4. 以後有時間，若去石門水庫，對於什麼時候我不能肯定的答覆，我想以後天氣好的時候去較好。
5. 照片你也可以沖洗，我想這樣才公平吧（這樣也沒照的）
6. 底片全部交給你保管我不要。
7. 那不像我的秋美，只是一些改不掉的壞毛病而已，如果你覺得那是秋美也無所謂，你說就是了
8. 完了，謝謝收看。

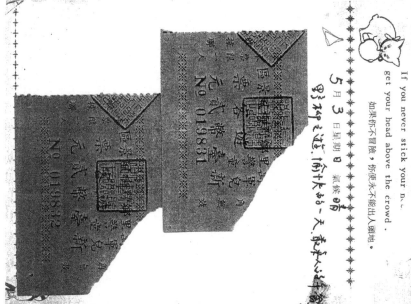

If you never stick your ne...
get your head above the crowd .

如果你不冒險，你便永不能出人頭地。

5月3日星期日 氣候 晴

野柳之遊，愉快的一天，最美人的午餐

萬里鄉野柳風景區 軍警兒童遊客票 新臺幣貳元 角 無效 票限一人 聯
No 019831

萬里鄉野柳風景區 軍警兒童遊客票 新臺幣貳元 角 無效 票限一人 聯
No 019832

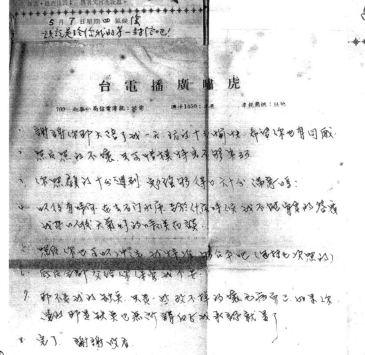

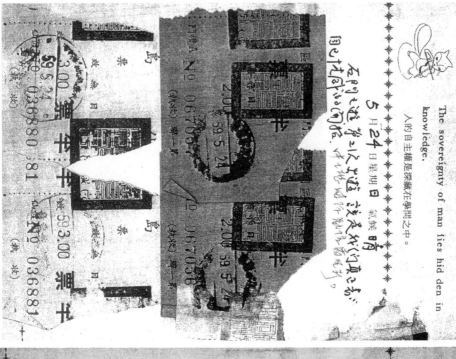

The sovereignty of man lies hid den in knowledge.

人的自主權是深藏在學問之中。

5 月 24 日星期日 氣候 晴

石門之遊 第二次出遊 該是我們真正表示自己情感的開始. [illegible]

No one in the world can challenge the benevolent man.

仁者無敵於天下。

5 月 24 日星期日 氣候

我的感想！

。任責一唯員人工政爲，間無結團，作合民軍（統總）

美佳很不好的一天，她都沒說
沒有了情感，畢竟她仍是
投入了我的懷抱，我將用我
的所有去關心她，彌補她的失
去的，原諒她的創傷.

五月廿四日 星期日 天候（ ）

（年七九三前元民）生正居張家治政明

Mankind's happiest times are the blank pages in history。

歷史無事可記，即人間極樂之時。

5月31日星期(晴)氣候

最值得紀念的一天、最值得懷念的地方——

A wise man thinks before he speaks. but a fool speaks and then thinks of what he has been saying.

智者，思而後言；愚者先言而後思。

5月31日星期日 氣候

台北之夜、我的決定！

我們今日的國防思想，乃是要以已失的國土重新恢復轉來的反攻復國的國防思想。（總統）

台北之夜，使我对她更覺迷惘，到底那这條路是走对了呢？還是又走錯了，我已求本献我的一切，為她愉快！今夜，我吻了她！

五月卅一日 星期日 天候（ ）

國防部成立廿四週年（民國卅五年）

There are no miracles for the indifferent.

凡事不關心的人，不會有奇蹟發生。

6月3日星期三 氣候 晴.

她的決定：

她給鄭寫了信，決定拒絕鄭的愛，這也許她表示她將把這份情感給我，我將如何使她更愉快，不讓她受一點點委屈！我們的愛，該可以奠定了！（記今晚在[illegible].

The world is a beautiful book, but of little use to him who cannot read it.

世界是一本美麗的書，但是對於不能讀它的人，幾無用處。

6月4日星期四、氣候

可憐的葉：

給協葉寫信婉拒了葉的友誼，為了她，為了我不願再錯，我將擯棄所有一切，即使我失去了她，我又能說什麼呢？

到底我的決定對嗎？讓事實證明一切吧！

It is the peculiarity of knowledge that those who really thirst for it always get it.

學問之奇妙，在於眞心渴求者，必能獲得。

6 月 6 日星期六 氣候

真正屬於我們的時光開始了！感謝上帝的安排。

台北電影：學府電影院

片名：生活、愛情、死亡。

白鳥之死：屬於我們的時間，只恨時間太快，十一點二十才離開影院。為什麼我們要離開呢？

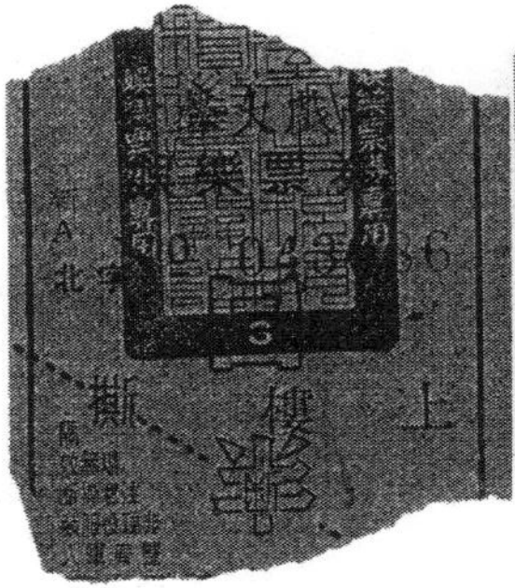

Doubting and questioning, you have got through half of your studying course.

疑而能問，已得知識之半。

6 月 7 日星期日 氣候晴。

重要的決定、愛的標記。

今決定最近和我訂婚，九号去買戒指，由我列出計劃，走回去他在我額頭上留下了愛的標誌，我也一樣。

幸福已經在不斷的接近我們！

Mankind's happiest times are the blank pages in history.

歷史無事可記，卽人間極樂之時。

6月9日星期二 氣候 晴.

訂婚.

今天我和玲订婚了. 没有仪式. 没有证人. 但是我们的心裡都是那么慎重. 谁也不会后悔. 也许我们决定得太突然. 但这都是要发生的. 订婚的东西:

1. 戒指2对.
2. 項鍊2条.
3. 合影留念.
4. 喜糖200元.

这一天我们两人的心中留下了永恒的记忆和难忘的——.

A wise man thinks before he speaks, but a fool speaks and then thinks of what he is saying.

智者，思而後言；愚者先言而後思。

6月10日星期三 氣候

芙:

我们决定也许是太突然了. 但你的确使我感动. 我願意將我的幸福寄託於你. 永遠. 永遠. 决不後悔. 但請您記著愛我别太深. 愛我要長久. 今後我只屬於你. 我也会像你爱我一樣的愛你. 也許以後会超越你所愛我的程度. 我会做你的好妻子. 好情人. 願你有了我. 会把你心中遺憾更完美.

你的愛、玲 草 6.10.

No one in the world can challenge the benevolent man.

仁者無敵於天下。

6月 1日星期四 氣候

英：

说实在的我真是没想到会嫁给你，这真是命运的安排，或是缘分，也许你说的没错，我们早就被绑在一起，只是为了某些外界的因素使我们迟了，也错过了许多美好的日子，但往后的日子却将是永远属于我们俩的。对你我现在只有一点要求就是我们俩在婚前应该绝对的保持纯洁，这是你答应过我的，但是我们离结婚的日子还有一段时间，在这段时间中我相信我们彼此会遭遇到很多诱惑或者是冲动，但是请你克制自己，只要我们不违背约定的誓言，结婚那天我们会更快乐的，你说对不对？

The inevitable is only that which we do not resist.

所謂不可避免之事，乃我們並未抵抗之事。

6月 11日星期四 氣候 阴

玲：昨天该是我这一生中最有意义的一天，宣布了自己的终身大事，也认了一个哥哥，还收到一份礼物，好事都给我碰上了，我真有点受宠若惊，也有点害怕，但想想，从现在起，我已经是世界上最富有的人，因为我拥有一个好爱我的爱人，获得了你的爱情，我得到了一个好的妻子和爱人，我还会需要什么呢？唯一的就是我要把我的全部的爱来奉献给你，不但要爱你长久，永恒不变，更要爱你深，像江河大海一样的深。玲，除非海枯石烂，我爱你的心是不会变的，以后我会一分一秒的来照顾你，爱你，每天每天的好好。

昨天晚上当我要离开你家走到门口的时候，你的那一刹那像失去什么的眼神，使我无法安心的离去，真想陪着你，但我却走了，我开始心神不定，愧疚和感激使我带着那一份思念离开你。玲，知道我爱你受到伤害吗？以后别再闹着开玩笑，有时候更会伤害你的！

从现在起我们已是一体了，让我们共同来为未来努力吧！每天别忘了冲奶粉喝，别让你妈操心，祝福你好好的！

爱你的英 6.10.　No.12

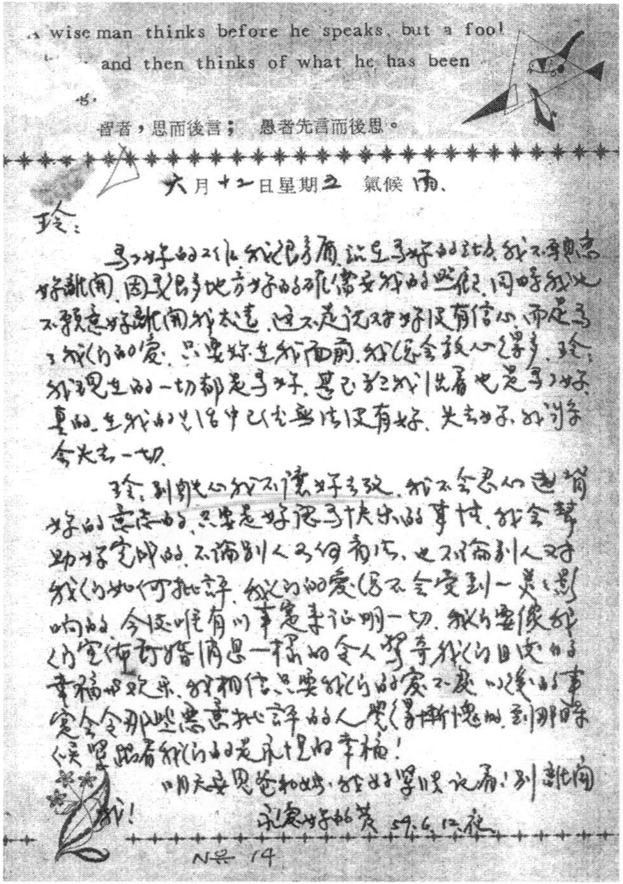

A wise man thinks before he speaks, but a fool speaks and then thinks of what he has been said.

智者，思而後言；愚者先言而後思。

六月十二日星期五　氣候雨。

珍：

為了妳的工作我很為難，認為為了妳的工作我不願意妳離開，因為很多地方妳的工作需要我的照顧，同時我也不願意妳離開我太遠。這不是說對妳沒有信心，而是為了我們的愛。只要妳在我面前，我總會放心得多。珍，我現在的一切都是為了妳，甚至於我們將來也是為了妳。真的，在我的生活中已經無法沒有妳，失去了妳，我將會失去一切。

珍，別擔心我不懂妳為何，我不会忍心违背妳的意志的，只要是妳很多快乐的事情，我会帮助妳完成的。不論別人如何看法，也不論別人對我們如何批評，我們的愛總不會受到一點影響的。今後唯有以事實來證明一切，我們要像我們宣佈訂婚消息一樣的令人驚奇我們目前的幸福和歡乐。我相信只要我們的愛不変，以後的事實会令那些惡意批評的人們慚愧的，到那時候要跟著我們的是永恒的幸福！

明天要見爸和妈，我好緊張得好痛！別離開我！

永愛妳的英 59.6.12.夜

Nº 14

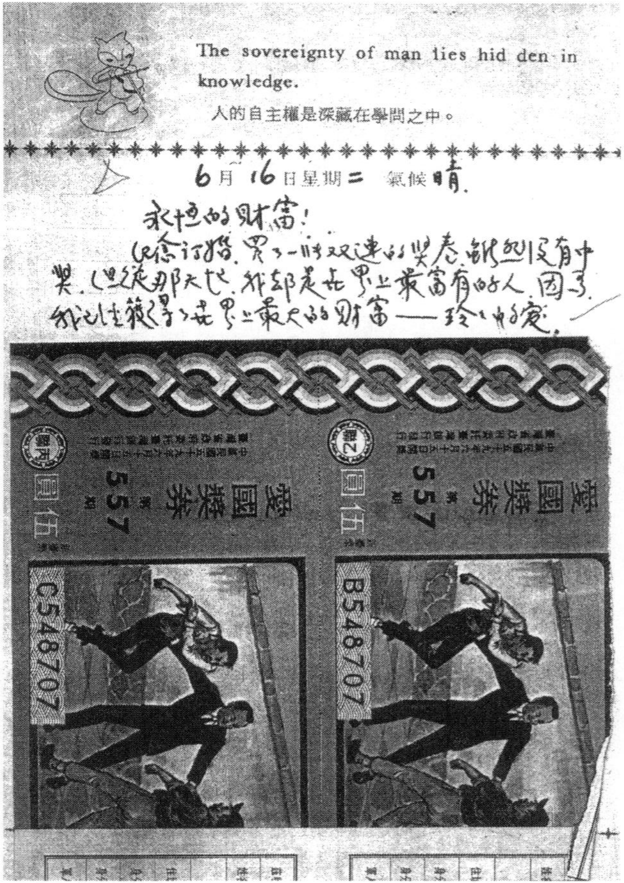

The sovereignty of man lies hid den in knowledge.

人的自主權是深藏在學問之中。

6月16日星期二　氣候晴。

永恒的財富！

紀念訂婚，買了一張双連的愛國獎券，雖然沒有中獎，但從那天起，我卻是世界上最富有的人，因為我已佔有了世界上最大的財富——珍的愛。

The inevitable is only that which we do not resist.

所謂不可避免之事，乃我們並未抵抗之事。

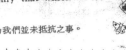

月　日星期　氣候

第一章。　59.6.19補記。

玲玲考去正聲公司播音員，週六(13日)陪她去了，也考過了，矛盾又在我心中作祟：

考取了——我們會有一份驕傲的感覺，我的玲畢竟跟別人不一樣，但我必須面臨承受一份相思之苦。

考不取——她心裡會不好受，但卻仍然可以天天在一起。

該怎麼辦？一切都是命，不論如何，我會用我的愛來彌補它所有的損失！

No one in the world can challenge the benevolent man.

仁者無敵於天下。

6月16日星期二　氣候　風

夜靜靜的，月色濛濛，我們只是倆倆坐在草地上散步了二十幾分鐘，但卻是最大的幸福。我覺得人生最愉快、最難忘的，也莫過於屬於自己的時光，那便是跟自己最心愛的人的相聚。雖然我們天天見面，但真正屬於我們的卻是那麼短暫。今夜若不是風大，我就該陪她去散步才對。

美妙的旋律，玲玲輕柔的聲音，譜成一曲幸福、安祥的樂章，讓我陶醉在音樂和愛的寧靜中。雖然在我們之間隔着一層玻璃，但我們的心靈卻是相通的。我一直在想，如果有一天我自己擁有一座電台，那該多好！

明天她要回去，媽病了，我當然要讓她回去。所留給我的將是一份無比的寂寞。

玲玲：十五號過去了，下班別忘了沖牛奶喔，讓我的甜甜吻，帶進妳的夢中！好好享受子夜祝福。

Mankind's happiest times are the blank pages in history.

歷史無事可記，卽人間極樂之時。

6月17日星期三　氣候　陰

玲：曾經有人說過"愛是最自私的東西，就像人的眼睛一樣，不能滲進去一粒沙子"。因爲我們的愛而相互的奉，我們都付出了自己最真誠也是自己全部所有的愛，很希望每一刻都是屬於我們的時間，也很希望自己所獲得的是自己所愛的人的全部，雖然我們都毫不吝嗇的奉獻出了自己的全部。但……。玲：今天你想回去，我不是不希望你回去看看媽媽，我也願意自己簡單的一下老人家，但內心卻免不了那一份不安的感覺，這是因爲我太愛你的關係，過去因爲我的意見造成了悲慘的錯誤，今天不能再因爲我的大意而再讓你錯下去，這是甚於愛。當然我不否認這有一部份自私的成份存在，但愛的本身就是自私，誰又願意在自己倆人的天地裡有第三者的存在呢？玲：我不是不相信你，也不是仍然記着你的過去，而是不希望讓我們這份很得來不易的愛再受到一點點的傷害，也更不容許別人對你再有不正確的批評和看法，我會用我的生命來保護這些的。今天你不回去了，直到你來找是表示你對我的忠誠，但卻使我內心留下了永久的不安。也唯有用我對你永恆不變的愛來補償一切。不能說你答應我要來了什麼 但記住，你所得到的

A wise man thinks before he speaks, but a fo[ol] speaks and then thinks of what he has been saying.

智者，思而後言；　愚者先言而後思。

月　日星期　氣候

將是我最深的愛，一直到永遠。我常常想，從前有一天你離開了我，我相信我也不會再去愛另外一個人，因爲我已經是屬於你的了，正如你對我說的一樣。玲：我不在乎什麼，只望你能真正領會出我對你的愛的深度。

愛你的 莫少華 59.6.17.24.

晚上去中和看你，和你在一起，用一切方法使她快樂，以補償我內心的不安。

日俄大海戰　近日放映

三船敏郎　仲代達矢　加山雄三　草笛光子

戰艦千艘　七大海戰　炮火震天　悲壯激昂　驚心動魄　原名日本海大海戰

韓國　淚的小花　第3集　近日放映

悲戀佳構　曲折動人　時戀片王　千載難逢　鐵石心腸　聲淚俱下　你戀愛不如意嗎／你丈夫有外遇嗎！本片可給你珍貴難忘啓示！來挽救你的失愛！解決你的……

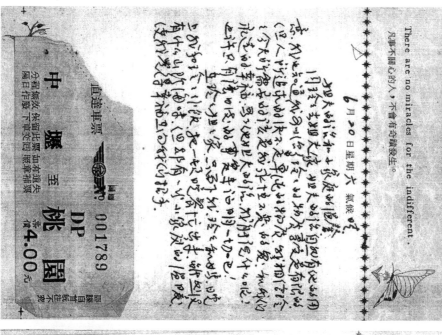

There are no miracles for the indifferent.

凡事不關心的人，不會有奇蹟發生。

6月20日星期六 氣候晴

姐夫的信和小家庭的溫馨

同玲玲去姐夫家，姐夫的信自然有他的用意。我也知道我可以給玲玲的物質享受是有限的。但人所追求的決不是單純的物質。我相信玲玲今天所需要的該是我永恒不變的愛，和我們永遠的幸福。面對姐夫的信，我能說什麼呢！也許只有讓時間的事實來證明一切吧！

在玲玲姐家，只剩下我、玲玲和媽媽。晚上我和玲玲小飯，把一頓晚餐忙出來，雖然沒有什麼山珍海味，但卻有一份小家庭的溫暖，使我覺得幸福在向我們招手。

The world is a beautiful book, but of little use to him who cannot read it.

世界是一本美麗的書，但是對於不能讀它的人，毫無用處。

6月21日星期日 氣候晴

我們倆都難忘的一夜

玲玲第一次見爸媽和兄弟姊妹，意外的全家都那麼喜歡她，使我也覺得驕傲。為了表示她對我的愛的真誠，她今天給了我最寶貴的，也是她最值得保留的那天生最珍貴的。為此，她很覺得值得。但我愛她的決非是為此庸俗，從此，我們又更密切了，也已經是形為一體了。我一定要用我的愛來填補她的創傷。我發覺我愛她太深了，失去她，將是我失去一切的時日。

在我們有一張床的人間，過了真正屬於我倆的一夜。（住也在中央）

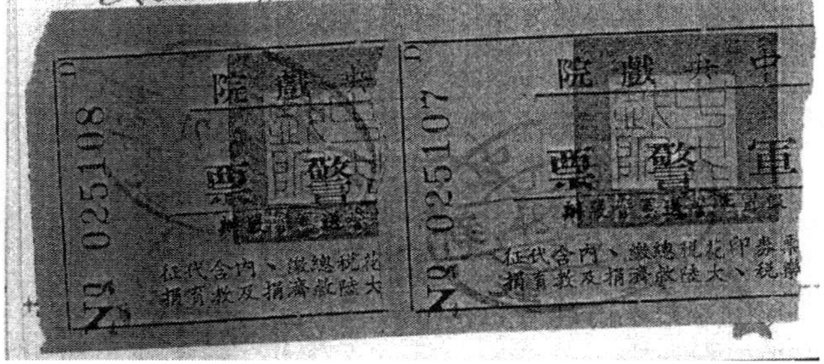

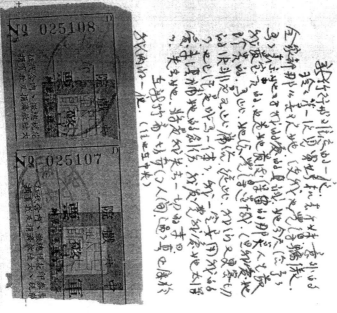

It is the peculiarity of knowledge that those who really thirst for it always get it.
學問之奇妙，在於誠心渴求者，必能獲得。

6月27日星期六 氣候陣雨

珍珍：我最親愛的醜小鴨：

今天是週末，妳走了，看着妳的車子消失在轉角处，我若有所失，頓時感到一切都是那麼空虛和那麼寂寞，回到你值星官室，把妳給我留下來的信拿出來再看一遍，我覺得很慚愧，我能說什麼呢？只能說愛得太深，你是怕失去的關係。珍珍：妳會原諒我吧！在這個世界上我們彼是最親近的人了，以後有什麼煩惱都向我訴好了，訴完了，讓自己心愛的人來為自己分擔一些，心裡會覺得好過些，以前妳總壓抑自己的情感和表情，那是因為妳過的是不正常的生活，現在我們是正大光明的，就不該讓它再壓抑而傷害自己的身體，想哭就痛痛快快的哭一场，這樣一切會好些，珍珍：妳該該知道我是多愛妳吧！妳在我心目中的地位已經超過了一切，甚至也已經超過了我的生命，此生我愛妳的心是不會變的，不管妳變成什么样子。

珍珍：天也幫助我們，今天妳走了不過下我一個人，晚餐後，下起了大的雨，要是妳

Doubting and questioning, you have got through half of your studying course.
疑而能問，已得知識之半。

月 日星期 氣候

在的話也許不會下雨，我們在我們有共美好的相聚，沒事可幹，只好在這兒看電視消磨時間，但心裡卻一直想着妳，想妳去学校和老師晚上回去会不会遇到壞人，真的，我的心整個跟妳跑了。晚上妳大哥回來，把美英的事告訴了他，沒什麼，談了很久，才回來給妳寫信，而且去妳寢室把日記本拿出來，還拿了毛巾被，這裡太熱了，被子沒法蓋，妳不会怪我吧！珍珍：現在已經是十点半了，妳大概睡了吧！想到明天下午要見到妳，我有一股自然而然的興奮的感覺，讓我在夢中吻妳。

永遠愛着妳的
君於 59.6.27夜

猜我把妳那封信看了幾遍？
猜对了有奖，奖品不宣佈。

Mankind's happiest times are the blank pages in history.

歷史無事可記，即人間極樂之時。

6月28日星期日　氣候晴

玲，親愛的：好想念妳，一上午好的過了，總是在我腦海裡不斷出現，好像時間特別慢一分一秒真難過，把毛巾被洗了，好清靜呀！下午去剪了頭髮才算把滿心的相思和我自己的心去抓回，但是只是第一天不見好像我跟妳很久了似的，只希望早些見到妳。

真誠感謝妳對我的本份和關懷，也使我更覺得慚愧，妳把這媽的衣料選好了，又讓我見到了大哥和佑芳，這一切的安排我知道都是為了我，妳能叫我不把全心全意的愛都給妳嗎？玲玲：往後的日子是屬於我們兩人的了，我相信我會跟妳的姐妹和家人相處得很好的。晚上搭交通車回來已經快十點了，使了像兩個好字信，一顆心直牽掛着妳，不知道妳跟佑芳又要玩到什麼時候，可別打破郭打呵欠的紀錄。

真的，好想妳，只有讓我在夢中擁抱妳、吻妳、吻妳

永屬於妳的　英　59.6.28.夜

A wise man thinks before he speaks, but a fo[ol] speaks and then thinks of what he has been saying.

智者，思而後言；愚者先言而後思。

6月29日星期一　氣候晴

玲終於對我講出了她隱藏在內心的話，我知道這兒天事她的情緒的不正常決非是偶然的，事出必有因，我知道她為了怕傷害我，所以不願讓妳知道，但我愛的玲，妳卻不知道妳的好心，倒反而使得我更痛苦，更難受，情感是決不能勉強的，也不是同情和憐憫，而是要出乎自然出乎真實，我們的情感應該很自然，到今天她也許在困擾中，本來這是自己的一生的關鍵，她有理由仔細的考慮，即使她真的沒有了，我也不能怪她，反正我是永遠愛她的，媽的顧慮也是對的，但她卻沒有真正了解我，尤其是媽說的不能婚前發生關係，這是絕對正確的，以後我更該注意我和玲的關係，否則我們更要造成錯誤使別人看不起笑柄，這兒天是她MC將來的時候，但願不要有任何問題才好，因為我不能讓她有一點點痛苦，也不能讓她受一點點委屈。

The inevitable is only that which we do not resist.

所謂不可避免之事，乃我們並未抵抗之事。

7月5日星期日　氣候 晴

玲玲：親愛的

　　昨晚的閑聊，使我到現在為止已經是精疲力竭了，五點多鐘回來立刻拿吃了一碗麵，到浴房就洗澡，洗衣服，還算恢復了一天的疲勞，但仍然想睡，可是睡太早別人又要疑心了，只好坐在這裏給妳寫信，妳現在在幹什麼，有想我嗎？本來我不想這麼早回來的，其實我覺得並不完全是為了我的疲勞，而大部份是為了妳，因為妳在MC期中身體不舒服，我回來，妳也可以好好休息一下，對嗎？別以為我是想離開妳，我真恨不得每天都陪着妳才好！現在讓我把我的感想告訴妳吧！

　　寶寶媽媽來了，爸媽他們談得很投契也很融洽，多難得，也更使我們之間的關係更正式了，這不是已經經過雙方家長同意了嗎？玲我們一定要使她們快樂，不使她們失望才對。我真高興，我不僅得到了好的家，尤其是得到了一個好媽媽，一個那麼疼我的媽媽，妳不為我高興嗎？我以後要好好的孝敬她

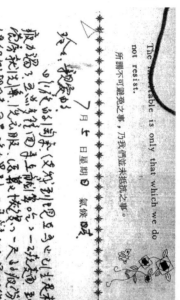

No one in the world can challenge the benevolent man.

仁者無敵於天下。

月　日星期　氣候

老人家，以後沒事我該常回去陪她老人家，妳說對嗎？

　　昨天妳的閑聊，我不怪妳，但以後不要這樣，害得我都沒地方睡覺了，妳好壞，我原準備星期三讓我們好好的享受一個小週末的，但妳說要陪別人去參加婚禮，那我只好又在營房讀書寫信陪着我了，到時妳小心一點，早點回來，我在營房等妳，說不定我會回家等妳的，現在我生命中最重要的就是妳，玲玲，我已經沒法離開妳了。

　　照片送去洗了，星期二去取，我只剩下25元了，真慘！以後用錢要計劃才行，妳不會怪我亂花錢這件事吧！好好休息吧！我眼睛已經睜不開了，明天見，讓我把熱吻帶到妳的夢中，也讓我在夢中吻妳。

永遠愛妳的

瑞 於 59.7.5.夜

20:30

The best argument is that which seems merely an explanation.

最佳的論辯，聽來只像是解釋事理。

7月7日星期二 氣候

明天陪著妳去台北買東西，只好讓他一個人在樓房裡睡覺了。好在也只有半天的時間，但是他卻有點不放心。其實有什麼值得擔心呢？無非是怕我亂來吧！他對我還是有點不太相信，尤其是他不在我身邊的時候，但往後的日子還長，總不能天天跟在我身邊呀！這樣說來對他的確是一種精神負擔，但如何才能使他對我的行動不存任何猜疑呢？

今天他忙著寫東西，都沒有過來看我。好氣喔，明天偏要三點鐘就走，讓他也見不到我，哼！

星期六舅舅、舅媽到家裡來，一切都還

If you never stick your neck out, you'll never get your head above the crowd.

如果你不冒險，你便永不能出人頭地。

月 日星期 氣候

算是談了婚的事吧，不過看他那份疲倦的樣子真是有點心痛。活該，誰叫他不回家睡，害媽罵我一頓。

後天是我們訂婚一個月了，想買點東西送給他，又不知道他喜歡什麼，真是不知道買什麼才好。

Mankind's happiest times are the blank pages in history.

歷史無事可記，即人間極樂之時。

7月22日星期三 氣候晴。

一個人要真正去愛一個人，是需要付出很大的代價的。為了愛玲，為了使玲沒有一點點不愉快的感覺，也為了免去一些些不必要的誤會，我一直把玲的情緒的高低潮列為我注意的焦點。到現在，我好像已經可以了解80%以上了。當她高潮的時候我滿足她的一切，當她低潮的時候我用愛和耐心[illegible]來撫慰她。為了愛她，我會想盡一切可用的方法。

週三下午不上班，我和玲玲去中坊游泳。這一次跟她在一起游泳，她可以游得很[illegible]了。我常想如果她學會了，以後我們在一起游泳該有多好。我相信我一定會教會她的，因為天資聰穎。玲玲總是像小孩子般的，雖然她學得還很[illegible]，但我實在不忍心叫她上來換衣服。給她吃了一碗熱米粉，吃下去好多了，真擔心她生病。

A wise man thinks before he speaks, but a fool speaks and then thinks of what he has been saying.

智者，思而後言； 愚者先言而後思。

7月24日星期五 氣候晴

為了一些不必要的困擾，跟玲玲鬧彆扭，主要是因為我太愛她而怕失去她的關係。把玲玲弄得什麼似的，心痛死了。真怕她一走了之了。可是這不理我在玲玲在別人面前太不顧她的自尊心。畢竟我也是愛她的，我又怎麼能當著別人去傷害她呢？雖然自己不是故意的，但內心仍然充滿了悔意。以後我要會注意這些小地方的。玲玲向來待我太好了，每天晚上給我沖牛奶、煮蛋。我給她什麼呢？唯一的只有給她愛。但昨天我卻又使她生氣了。今天一早看到她腫腫的眼睛，我知道她又傷心過了。我真該死，玲玲能原諒我嗎？

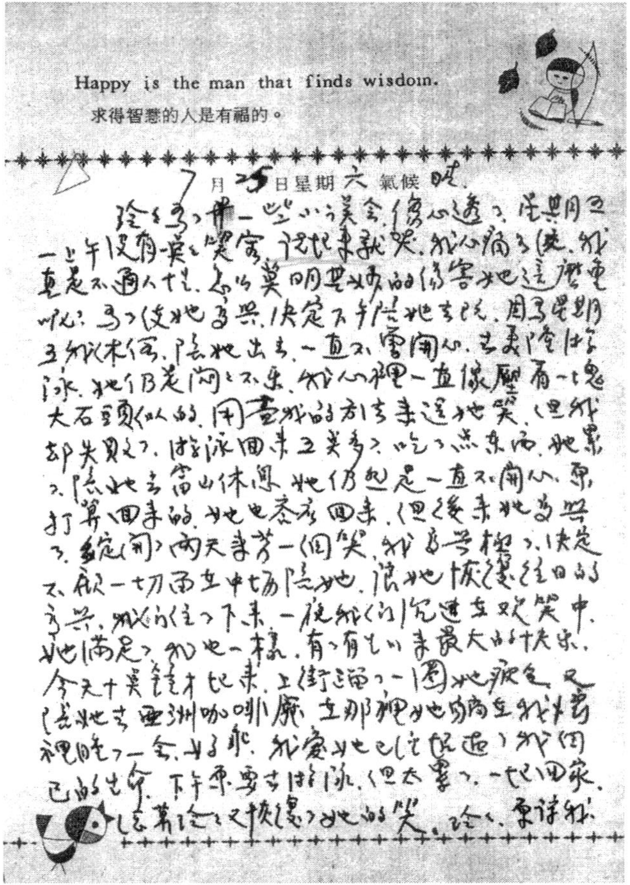

Happy is the man that finds wisdom.

求得智慧的人是有福的。

7 月 25 日 星期 六 氣候 晴

玲玲為了那一些小誤會，傷心透了，星期五一上午沒有笑過，[illegible]我心痛了。我真是不通人性，為了莫明其妙的傷害她這麼重呢？為了使她高興，決定下午陪她去玩，[illegible]陪她出去，一直不會開心，去看陸游泳，她仍是悶悶不樂，我心裡一直像壓着一塊大石頭似的，用盡我的方法去逗她笑，但我卻失敗了。游泳回來又買了吃了點東西，她累了，陪她去宿舍休息，她仍然是一直不開心，原打算回來的，她也不肯回來，但後來她高興了，[illegible]兩天來第一個笑，我高興極了，決定不顧一切再去中場陪她，陪她恢復往日的高興，我們住了下來，一夜我們沉浸在歡笑中，她滿足了，我也一樣，有了有生以來最大的快樂。今天十点鐘才起來，上街逛了一圈她瘦了，又陪她去亞洲咖啡廳，在那裡她躺在我懷裡睡了一會，好可愛，我愛她也已經[illegible]我們已的生命。下午東要去游泳，但太累了，一起回家，[illegible]玲玲又恢復了她的笑。玲玲，[illegible]

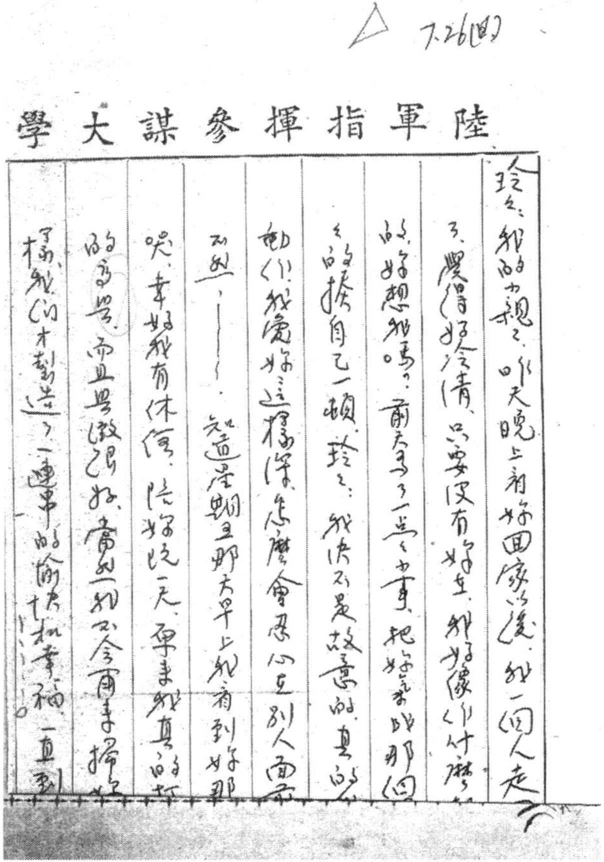

△ 7.26(日)

陸軍指揮參謀大學

玲玲：我的小親親，昨天晚上剛好回家以後，我一個人走了，覺得好冷清，只要沒有妳在，我好像什麼都[illegible]的，好想妳喔。前天為了一点小事，把妳氣哭那個[illegible]的揍自己一頓，玲玲，我決不是故意的，真對[illegible]動人，我覺得這樣子怎麼會忍心去別人面前[illegible]知道星期五那天早上我有到妳那[illegible]哭，幸好我有休假，陪妳玩一天，[illegible]的[illegible]，而且要[illegible]，[illegible]我們才製造了一連串的愉快和幸福，一直到[illegible]

The best argument is that which seems merely an explanation.

最佳的論辯，聽來只像是解釋事理。

9月5-6日星期六.日 氣候 雨.

難忘之日. 玲玲給我的別緻的歡送儀式：一夜的留宿. 兩場電影. 被困在大水之中. 在星期天晚上第一次住玲玲家. 玲的床很好睡. 這兩天中包括了驚異. 恐懼. 愉快. 和刺激.

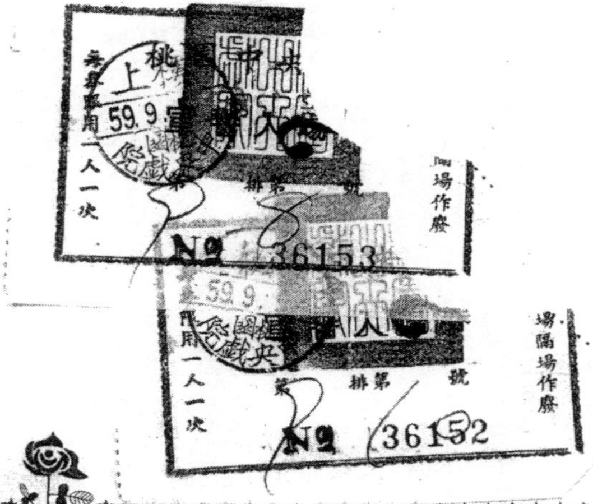

Difficulties mastered are opportunities won.

克服困難便能獲得良機。

9月10日星期四 氣候 晴

報到已經是第三天了. 科長的新職務說比較清閒的. 但事實上卻不然 初跟玲玲分開. 心裡總是放心不下. 也很想她. 相信她也是一樣的. 昨天小週末她告訴我, 卻又感冒了. 陪她去中和看病. 這個月份我們的經濟較為寬裕. 她真像個小孩似的. 有時讓我覺得心疼疼的. 有時卻又叫人生氣. 真有意思. 我總覺得我對她的照顧仍然是不夠的. 以後我要多愛她一點才行. 晚上給她打電話知道她感冒還沒有好. 真是小孩子. 但又苦於沒法照顧她!

History records only one indispenable man—Adam.

歷史只記載着一個免不了的人一亞當。

9月13日星期日　氣候 晴

一天的忙碌真是够累的，玲玲买了不少东西，钱也把钱花得差不多了，但只要她们高兴就好了。在家等了一上午，读了不少书，也学了不少。人就是这些，往往平时不太接近的人都是最关心自己的人。

玲玲的病一直没好，回来已经支持不住了，真心痛。幸好已经回来了，我也可以安心回校，明天只要替她請假了。

妈妈真好，我又像回到了童年，回到了妈妈的怀抱。我要孝顺妈妈，更爱玲玲，来报答这份难得的爱和温暖。

It is great cleverness to know how to conceal our cleverness.

知道如何隱藏我們的聰明，那便是大智。

9月14日星期一　氣候 晴

上班一直挂着玲玲的病，应不该有什么大问题吧！明天到去看看她也不可，打電話給她请假，也便她休息几天。房子的事情出了毛病，有得另外再找了，只有到村园去想办法。既又累一点也要去搬，时间一天一天的過去了，但是要完得时间不够，谈好的事也讓看着办了。妈也为此操心。相反地平常就很爱好的爸爸似乎一点也没有也好，总得欠下一份人情债，我相信我自己可以解决这個问题的！

月光晚會一場糊塗，天曉得！

A forced kindness deserves no thanks.
勉強的仁惠，不配受感謝。

9月17日星期四 氣候 陰、陣雨。

一天都在為畢業生的典禮忙碌，到今天我仍然沒有一套東西拿出來，和要我該有點表現才對。

明天是爸爸的生日，原程就想訂好了，但明天是公開時只有天曉得。打電話給珍珍，覺得她好，一天腦子裡仍是在想她。

晚上晚會，於節目播音了，她坐在我旁邊，又使我想起了珍珍。

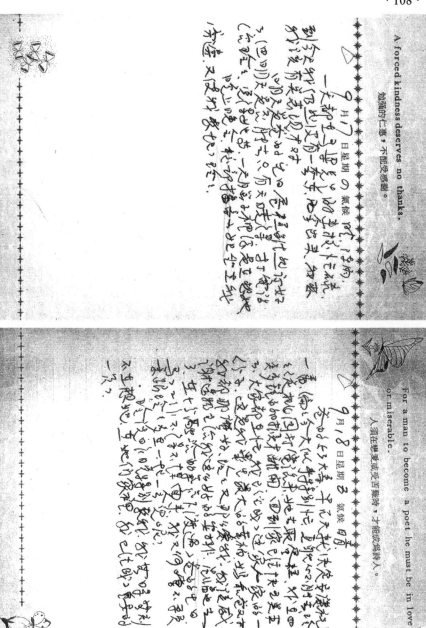

For a man to become a poet he must be in love or miserable.
人須在戀愛或受苦難時，才能成為詩人。

9月18日星期五 氣候 晴。

爸爸的五十大壽，早幾天就決定要慶祝一番，偏偏今天似乎特別忙，連飯也顧不得吃。珍珍從桃園打電話來，她去取蛋糕，我去買多錢的加拿大才離開。回到家已經快七點了，大家都在忙，我已經成了這家人家的一份子，這是我畢生最大的幸福。媽媽和爸爸又對我都那麼好，珍珍又那麼愛我，我誠感謝造物主給我這麼好的安排。晚餐也吃了，在七點鐘開始的筵席下渡過了爸爸的生日，吃了一切不得不捨回來，我又何嘗不願意跟珍珍多在一起一會兒呢？

．珍珍今晚特別想我，我其實時時刻刻不在想她，在她們家裡，我已經成了重要的一員了。

The best argument is that which seems merely an explanation.

最佳的論辯，聽來只像是解釋事理。

9 月 23 日星期 三 氣候 晴

我找到一個好不容易的機會去應徵寬兒，見到了玲玲，跟她說她就去作我爸爸又們不成了。她的MC又來了，這也可以說是從我心裡上去掉一分負擔，我很想有個小女兒，但又怕玲玲太笑了，更矛盾。這就是愛，把結婚報告書拿回來，要辦的事還很多，玲玲說她真不想結婚，但我知她不是真心話，今天她心情有點不太好，好像有什麼要說，又好像隱瞞了些什麼似的，看到我總有點心神不寧的感覺，也許是我多心，惟願那真是多心才好。下午她回家去了，本來我也想回去，但另外要辦的事還多，不得不就此算了，反正明天她就回來了。寄回來和章和戶籍謄本，希望月底以前能辦出去。晚上出去修理了皮鞋，刻了圖章，回來把表格填好，一直在想着玲玲。

Difficulties mastered are opportunities won.

克服困難便能獲得良機。

9 月 24 日星期 四 氣候 晴

來到這裡正式地上一週常的忙，自己也跟着有美國式生活的感覺，林先生指示工作方針是以精簡為本，必須有生命的對象，否則上卻不然，有點擔心的太多了。

中午給玲玲電話，她在電話中冷冷的聲調，的確使我很受不了，也許她又有什麼心事，也許她正在MC來的時候心情不好，但無論如何她似乎不該這樣對待我，一直耿耿於懷，也許我太了解她，也許我還不了解她。

沈先生叫我房子好像有了着落，但需要辦手續才好，要等事情都決定了才取回來，剩錢已取回，只有放在那裡再說，到今天我才真正知道錢不夠用的痛苦。

The sovereignty of man lies hid den in knowledge.

人的自主權是深藏在學問之中。

9月25日星期五　氣候晴

又到要寫篇報,又得傷盡腦汁,但事到臨頭奈何!

整天掛念著玲玲,晚上給她打電話,好像情緒又正常了一些。女孩子的心有時候太難捉摸了,但我必須要用心的去了解玲玲的心,讓她處處覺得舒服才行。明天又要見面了,真希望早點見到她,不論她怎麼樣,我愛她是發自內心深處的,只怕她真的覺得厭煩。有時候我好像是多心,也好像想得太多,但事實上我又不能不想。愛就是要能給予愉快和幸福,也能給予痛苦和煩惱。

晚上寫了戲情雅卻,去玩了才回家吃了頓飯。

Treasure is not always a friend, but a friend is always a treasure.

財富非永久之朋友,朋友纔是永久之財富。

9月30日星期三　氣候雨

兩天來的休假,一直在玲玲家,去台北取回了那一萬塊錢,陪玲玲逛了一天的台北市,買了東西,玲玲很開心,花了一千多塊錢,我想只要她開心就好了。計算一下這次買傢俱得要用15000元左右,雖說可以省些錢,但總不能叫玲玲太委曲才行。

天氣變涼了,途中又染上了感冒,頭痛不舒服,晚上又要下雨,真不知該如何去玲玲那裡。

玲玲真可愛極了,冒著風雨去中七西街給我買一付袖釦領帶夾,花了100元,真傻。她記得我的生日,但天氣這樣壞,如果真有點不對,那該怎麼辦呢?對她我真是既心痛又感激。明天我的生日,晚上她陪我去吃麵送我禮物,而且也陪我到十一點,我過了有生以來最愉快、也是最有意義的一個生日。

History records only one indispenable man—Adam.

歷史只記載着一個免不了的人—亞當。

10月 1 日星期 四 氣候 雨

昨夜睡在她的房裡，一大早起來，珍珍已經把洗臉水打好了，而且也為我沖了牛奶，並且還給我一個熱吻，算是祝賀我的生日快樂。我覺得到今天我總算真正的得到了幸福。我該好好的珍惜這份幸福，我更要好好的愛她，讓她永遠幸福、永遠愉快。珍珍就是我的生命，也是我的財產。我相信只要我們彼此相愛，我們會有更多的幸福和愉快的。

早上回到學校，一連串的忙，上課、開會，簡直沒有透過氣來，生日也就這樣過去了。青青下來又說我想珍珍，她不知道又在幹什麼？

寄出了好幾封信都是去打聽同學們她比的，也好給他們下訂帖。送出去的，便要想辦法收回來。

It is great cleverness to know how to conceal our cleverness.

知道如何隱藏我們的聰明，那便是大智。

10月 2 日星期 五 氣候 雨

雨下得真煩人，天陰沉沉的，更使人覺得煩悶無聊，好想珍珍，但又不好去打擾她。房子到現在仍然沒有看好，東西也沒法買，看樣子仍然要到她們回去想辦法才好。

Write it on your heart that every day is the best day of the year.

心中要記住，每天便是每年最好的日子。

10月 5日星期 一 氣候 由陰雨轉晴

一天半的休假，在陰陰的家裏靜思了很多。出了一點小事情，有很多的事情仍是需要自己去承擔的。拜託別人總不會有結果。人的本質不願相信這個道理，結婚後我記得是大的一個教訓。別人永遠是沒有辦法的，惟有自己才是最好的。記得結婚後你成了家的時候，好多人甜言蜜語獻殷勤，一旦找到他幫忙卻避得遠遠的。人心真難測。甚至連親戚也是如此。也許是人太窮了的關係，總怕別人沾上了花錢。這也可以說是更增加了我對人生的觀感。

試試決定去夏威夷。這一來總算能收支平衡就好了。要又希望場面大些，我又何妨不想像陰陰更老些呢？那一天總不能像陰陰待在看一點小的鄉村才行。這裏的東西都在慢慢的毀滅，房子到現在仍然沒有着落。只有自己利用這期間慢慢的去設法了。

陰陰去考桃園縣國語推行員……

A loving heart is the true wisdom.

博愛之心，乃眞正的智慧。

月 日星期 氣候

上午沒去上班，因為身體不適。住在內壢的娃娃們這是最好的了。但我只希望能保佑我們的娃娃們步入幸福之門。

A forced kindness deserves no thanks.

勉強的仁惠，不配受感謝。

10月 6日星期二 氣候晴。

結婚的事情一直在我腦子裡轉，整天在算計。也許有人說我太慎重，其實不然。我總覺得凡事豫則立，不豫則廢。尤其這種事情，千頭萬緒，如果沒有萬全的準備，到時是無法應付的。何況我還不能讓玲玲有一點點遺憾。我總覺得她嫁給我已經吃了很多委屈的了。我再不能讓她快樂，我將會永遠受良心的責備。晚上寫好說書詞，又把日程表和工作進度周密計劃一下。玲玲來電話，只要聽到她的聲音，我就安心了。

For a man to become a poet he must be in love or miserable.

人須在戀愛或受苦難時，才能成為詩人。

10月 7日星期三 氣候晴。

下午玲玲來電說，陪劉嫂要請我們去中山看電影，便沒吃晚飯就去了。一直到晚上九點多才回到三角窗吃麵。晚上本來要回學校，玲玲不肯，只好住在店裡。睡在樓下客房裡，陪著玲玲聊天聊到深夜才回去。她正像太太一樣，對我照顧得無微不至。我真幸有這麼一位好太太。

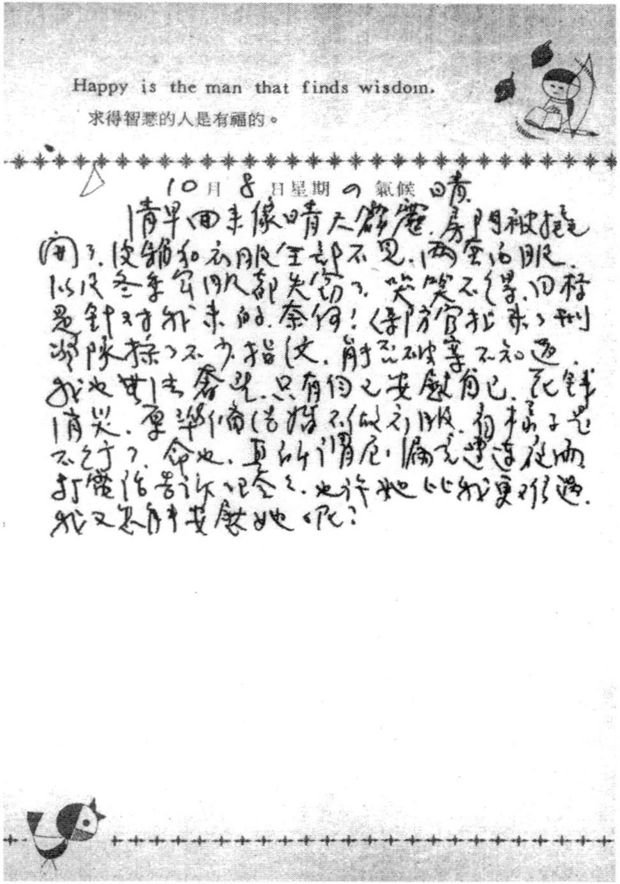

Happy is the man that finds wisdom.

求得智慧的人是有福的。

10月 8 日星期四 氣候 晴

清早回来像晴天霹雳，房门被撬开了，被铺和衣服全部不见，所有的衣服，以及冬季的衣服都失窃了。哭笑不得，因为是针对我来的。奈何！保防官找来了刑警队採了不少指纹，最后被害不知道，我也帮不上忙。只有自己安慰自己，花钱消灾。更深信命，俗话说有钱了也不行了。命也，真所谓屋漏偏逢连夜雨。打电话告诉姐姐，也许她比我更难过，我又怎么安慰她呢？

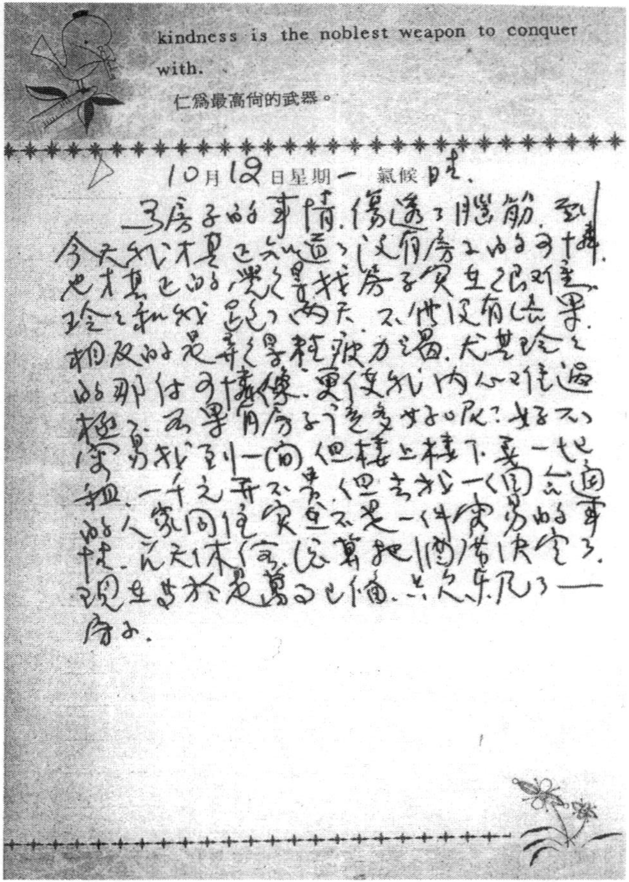

kindness is the noblest weapon to conquer with.

仁爲最高尙的武器。

10月 12 日星期一 氣候 晴

为房子的事情，伤透了脑筋，到今天我才真正知道没有房子的可怜，也才真正的觉得找房子实在很难。玲玲和我跑了两天，不但没有结果，相反的是弄得身体疲乏不堪。尤其玲玲的那付可怜像，更使我内心难过极了。如果有房子该多好呢？好不容易找到一间，但楼上楼下要一起租，一千元开不贵，但要找一个合适的人家同住实在不是一件容易的事情。花了一天休息，总算把这件事决定了，现在总算是落实了一个，只欠东风了——房子。

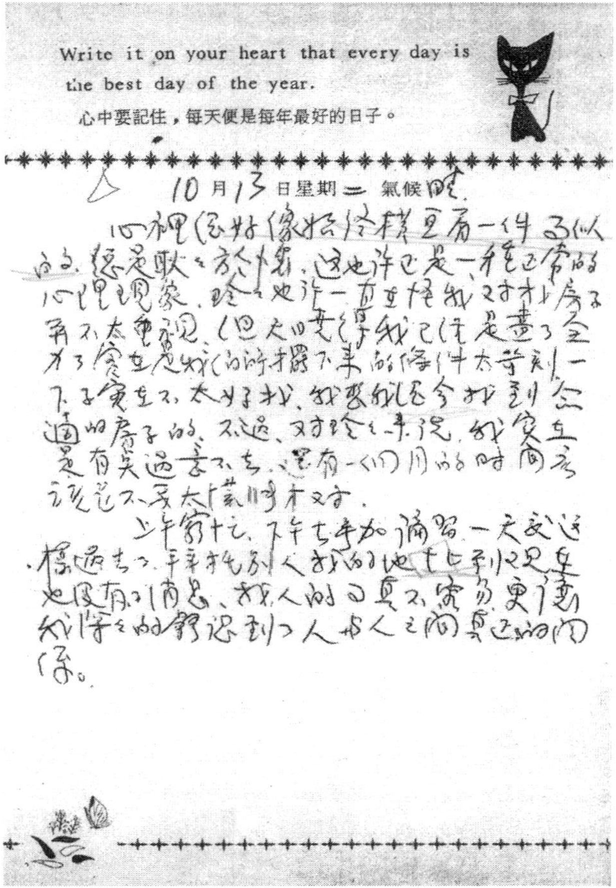
Write it on your heart that every day is the best day of the year.
心中要記住，每天便是每年最好的日子。

10月13日星期二 氣候晴

心裡很好像搭拎樣且有一件可以的事，總是默默於懷，這也許也是一種正常的心理現象，玲玲也許一直在怪我對於房子再不太重視，但天曉得我已經是盡了全力了，實在是我們所挑下來的條件太苛刻，一下子實在不太好找，我要我怎會找到合適的房子的，不過，對玲玲來說，我實在是有點過意不去，還有一個月的時間應該還不算太慌嗎才對。

上午實習，下午去參加補習一天就這樣過去了，拜託別人找的也都到現在也沒有消息，找人的日子真不容易，更讓我深深的體認到人與人之間真正的關係。

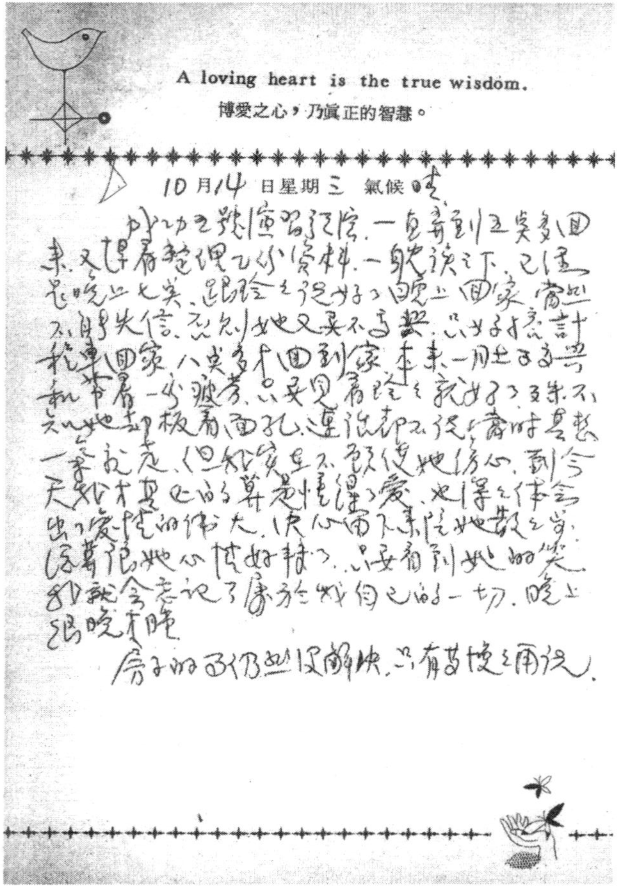
A loving heart is the true wisdom.
博愛之心，乃眞正的智慧。

10月14日星期三 氣候晴

下午去聽演講跑了，一直等到五點多回來，又得看整理一份資料，一般說來，已經是晚上七點，跟玲玲說好了晚上回家，當然不能失信，然後她又要不高興，只好搭計程車回家，八點多才回到家，本來一肚子的委屈，等看一分鐘，只要見看玲玲就好了，可是不知她卻板著面孔，連說都不說，當時真想一走了之，但我實在不願使她傷心，到今天我才真正的算是懂得了愛，也深深體會出了寬恕的偉大，決心留下來陪她散散步，陪著陪她心情好轉了，只要看到她的笑我就會忘記了屬於我自己的一切，晚上很晚才睡。

房子的事仍無法解決，只有慢慢再說。

The sovereignty of man lies hid den in knowledge.

人的自主權是深藏在學問之中。

10月15日星期日 氣候晴(陣雨)

一大早就得趕回學校，媽真好，給我沖牛奶喝，我又享到了一份偉大的母愛。我這小小的腦袋想起，剛開始念書，滿腦子都是她的影子。中午給她電話，沒人接，想必她晚上開打了，房子的事吹了。到[illegible]不肯便宜賣了錢，也是為了某些因素，人家又說，只有以後再談的了。我不相信會找不到房子。

給[illegible]打了電話，聽她的聲音又像忘了，這樣也放下了我內心中的一塊鉛。整天在野外演習。

A loving heart is the true wisdom.

博愛之心，乃真正的智慧。

10月22日星期日 氣候晴

昨夜住在同學家，陪他們聊天到十一點多，把信帖印好了，算是又完成一件大事，寫起來也得費上一番功夫。

下午要先去看[illegible]，把學園的事，了了。這的事情也許並不太容易，但認真我們應該這樣做的，至於容易不容易又是另外一回事了。

[illegible]來信告訴了我很多同學的地址，這樣又增加了我通信的對象。[illegible]水，的很大[illegible]。

第五章　鰜鰈情深　興家立業

引言：

家瑾和素玲戀愛成熟，順利成章訂婚、結婚，特戰司令部熱心同事，自動編組，配合家長意見：即展開結婚籌備工作。兩人於五十九年十一月十五日，在桃園夏威夷大飯店舉行婚禮，並宴客，照計劃實施。邀請當時特戰副司令夏荷將軍證婚。女方家長張先生、任空軍某單位會計主管，在公家和眷村頗有聲望；以及特戰部隊兩人的好友同事齊來祝賀盛況空前，喜氣洋洋，從此兩人牽手同行，永結同心，建立美滿甜蜜小家庭；未久又生下寶貝兒子，素玲一面工作，一面照顧兒子（岳母出力亦多）使家瑾毫無後顧之憂的，奮發向事業上發展。然家瑾雖然離家時間較多，但對妻兒的思念、照顧卻不遺餘力，最後家瑾終於出人頭地，躍上國軍政戰高職，開創事業頂峰。

——下附兩人往來書信，以佐其眞。

一、家瑾摯愛家書：

（一）

小玲：

在船上給妳寫了第一封信，由原船帶回去限時寄出，想該早已到了吧！船在馬祖停了很久，到下午兩點多鐘才到達，因爲那邊，先有電報來，這邊早就派人在接，仍然是那句老話，一切都是那麼親切，那麼自然，今天天氣眞好，陽光高照，海是藍色的，天空也是藍色的，眞可以說是「水天一色」，來了以後，因爲　前任副主任還沒有走，所以我只有暫時住在隊史館，大概要到下個星期才能正常，行裝甫卸後，第一件事是找管服裝的，先換服裝，因爲我穿的大禮服大顯眼了，第二件事就是坐在這裡給妳寫離家後的第二封信，昨夜在船上躺在床上想，我們結婚到現在三年半多了，我還第一次離開妳那邊遠那麼久，當我提起筆來給妳寫信的時候，又使我想起了戀愛中的那些情人和情書，我們從認識到結婚，雖然也寫過情書，但那畢竟是太有限也沒多大意思，因爲天天都在見面，現在結婚三年多以後，兒子都兩歲半了，再來談一次戀愛，寫寫情書，可以說是另一番風味，我想信剛開始的時候，我們都會覺得不習慣，日子久了就好了，在我們的愛中間，再加上一個想思，多好，也許這正是給我們的一個考驗的機會，考驗我們的情感，考驗我們彼此相愛的程度，總之，我會常常想念妳和兒子的，希望妳常常把妳們的一切寫信告訴我，在這個孤寂的小島上，最珍貴的信就是「家信」了，我會天天時時的盼望的。

天氣如果好了，該去把那卷彩色膠卷照完，洗出來選好的寄給我兩張，沒事的時候也可以看看妳們。

這裡住的、用的、吃的都很好，不要擔心，電比台灣還方便，當然詳細情形我還不清楚，等以後再給妳詳細的寫吧！尤其是要讓媽安心，不要爲我擔心，這裡比在家裡還舒服多了，媽也別忘了每星期一去打針，有什麼困難可以直接去找陳樺，我不在家，凡事妳要多苦一點，反正那些關係妳都熟，只要去關照一聲就好了，下班以後沒有事當帶兒子出去玩玩，希望妳除了給予他一份母愛以外，還能代我給了他一份父愛，我回來以後會好好補償你的，好吧！一切仍在摸索中，詳情待告，請代問候全家好。

祝福

愉快　附 56041520 於東引

P.S.接信後馬上買一百元禮券寄‥

龍潭郵政七九四四附九號信箱（特戰學校）成雲冬先生
裡面寫雲冬先生呂滿小姐：結婚誌慶

黃家瑾張素玲　敬賀

再附上一句，「因調東引，未克參加婚禮，抱歉」！

他的婚禮期是本月八日在中壢，妳接到信時，已經過期了。

通信信箱：

東引：郵政 8033 後信箱

我們的信大部份是請人帶回台北再投郵的，這樣比較快一點。

（二）

小玲：

來到這個孤島已經是第四天了，接觸了很多的事，都是那麼值得回味，這裡用一句話形容，該是最恰當了，那就是「麻雀雖小，五臟俱全」。等以後正式接上工作了，要辦的事還眞多著呢？玲：幾天來想家想得好厲害，白天還好一點，到晚上，只要躺到床上，就會想你和浩兒，只要閉上眼睛就會夢到妳跟浩兒，連中午睡午覺都是這樣，我想妳也是一樣的吧！這才眞正的考驗出來了我們的情感，一年的時間反正不算長，也只有讓我們彼此忍耐這一份相思了。

在這裡我把時間安排得很好，當然是以工作爲主，工作餘暇，我安排讀書、練字，早上藉機會鍛練自己的身體，這裡有一個好漢坡，一階階的石階，庭院有一百多階，我決定從明天早上起，每天早上去爬一次，相信一年下來身體會好多了，等我九月份休假回來，大概就不同了，工作、身體、讀書和練字，每天如此消磨，倒也很好，現在是晚上九點鐘，剛看完電視，坐在這兒給妳寫信，外面到處是阿兵哥們嘹亮的歌聲，充滿了生氣，雖然，明明知道我現在寫信，也要等到九號以後才能寄得出去，但我又不能不寫，因爲只有給妳寫信，才能稍解我的想思之苦，所以等十四號妳一定可以接到我好多封信，想想妳看起來一定很過癮。

留薪的事，七月份已經辦過了，沒法補辦，只好等發了餉再找人帶回去或寄回去，八月份開始就可以正常的發薪了，如果趕不上妳存款，不妨先把郵局存款提出來先存，或者把借出去的錢收回來先存，等錢寄回去以後再存進去，我會儘快寄回來的，如果有什麼重要事情要馬上告訴我的，妳可以打電話撥0按12第六號轉一〇四九請鄒連絡官，叫他轉告訴我，他們跟這邊有密語電直接通的。（6.7.）

昨天寫了一半，今天再接著寫，這已經是我給妳寫出的第幾封信了，想想要等到廿號以後再能看到你們的信，心裡眞不是滋味，今天早上一大早，一個人跑去爬了一趟「好漢坡」，一百多階石階，上來已經氣喘如牛，不過能在第一次就一口氣上來，我已經很滿意了，以後每天一趟，相信對身體幫助很大，來到這裡這麼多天了，天氣一直很好，比起在台灣成天下雨要好得多了，昨天由羅中龍陪同，去拜會了一下這個地方的黨政首長，順便逛了一下此地唯一的一條街道，雖然是上下坡，但都整齊劃一，此地的最有名的產品是醋，只要有人來一定要帶點回去，小兵們回台灣也是大批的帶，下次我回來也可以帶一點回來，這裡醋主要因爲是純米做的，不像台灣的化學醋。

兆元兄的事辦得如何了，如果不要這邊公文，就在政戰部讓他們幫忙弄一個算了，改好了命令下來就成，也免得麻煩。

浩兒好嗎？要特別注意他的身體，他有我們遺傳的過敏的毛病，所以要多注意他，不要讓她感冒，星期天或都是晚上，帶他到外玩玩，上街騎騎馬，開開小車，對啦！魚肝油別忘了給他吃，最好去買那種小孩吃的魚肝油給他吃，天熱別帶他去海邊玩，因爲他太頑皮了，妳照顧不了他的，要玩水帶他去兒童游泳池玩好了，請小妹常常陪妳們一起出去玩玩，以後我回來重謝，好吧！這封信就寫到這裡，下週主任回來，我想就不會這麼輕鬆了，祝福妳。

愉快、健康

瑾於 0608310.15

NO.4

（三）

小玲：

今天船到了，忙得頭昏腦脹，老板于先生來了，緊張了一天，眞慘！十一點才回來，桌上放著妳的兩封信，頗不及待的拆開來，看完了信和那些照片，我所有的一天的疲勞，已經全部消失了，腦子裡只有我愛妻和兒子的影子，過去的一切，又一幕幕的印入了眼簾，此時此地，最迫切需要的就是家人的來信了，我想妳也經看到了我的第四、五、六封信了，一定看得很過癮吧！剛才上午才叫劉寶剛帶回去一封信。（NO.6）。並且附了一千元給妳們過節，妳說妳收到了前方將士的五百元,這邊可更多呢?今天軍友社來勞軍，又送了一支Parker61型鋼筆，另外三百五百的還有不少，怪不得人家都喜歡在前線幹，我買了五千元的儲蓄券，反正錢放著也沒有用，沒先徵求妳的同意，不會生氣吧！

看看妳的照片，的確使我更想，我眞想摟著妳Kiss一下，但………，只有等我休假回來了，九月份妳挑休假是對的，我第一次休假，如果沒有特殊原因，應該是在九月十日以前回家，到時我們要帶兒子出去蜜月一番，同意嗎？

七月份發餉我沒來得及留薪，等發餉了再給妳寄去，八月份就沒問題了，以後也就正常了，今年我想該可以給妳買一件像樣一點的大衣了，說起來眞是慚愧，今天他們來，處長又◆

別叫劉寶剛給我帶來一盒水果，總算不錯，也許我走了，他才眞正發現了我的好處，見了面替我謝謝他。

浩兒每件照片都是張開大嘴，傻兮兮的，想想他那個頑皮樣子，不由自己笑了起來，記著！有空就常來信，那對我實在太重要了。

中國人常說「人在人情在」，一點也不錯，到今天爲止，我才只接到妳的三封信，看起來還是太太好，怪不得我會這麼愛妳、想妳。

好吧！太晚了，這封信，是趕著寫好，讓軍友社來勞軍的先生們明天妳帶去台北寄，讓妳又可以看到我的第七封信，妳讓我好嗎？眞是好想妳，尤其在夜深人靜的夜晚！

祝福妳。

愉快

爸媽及妹可好

瑾於 0620.2400 午夜 NO.007

I love you. I miss you. and I need you very much ! Daring! Kiss you more and more!

（四）

小玲愛妻：

上航次沒有接到妳的信，從我上月廿五日回到這個地方，只接到了妳十一月廿八日寄的信，那封信好快，在卅日的早上就到了我的手上，算算時間，該有半個月沒看到妳的信了，眞的想想好想妳，連日的大風把船刮得來不了，當然妳的信也沒法來，外面的風仍然在呼嘯過，不知道什麼時候才會停止，這兩天氣溫也下降到了八度，晚上只有五、六度，天氣夠冷的了，不過妳放心，我不會凍著的，衣服夠多的了，近來我除了在忙三民主義講習班，其他的事很少去管，多一事不如少一事，何況做多了反而使人不諒解，又何必去多管呢？心情也比以前穩定了很多，儘管從去年六月四日來到這裡，到現在已經超過了整整一年半的時間，然而我有自知之明，在沒有人事狀況下，什麼時候輪到我調個好職務，那只有天曉得了，說眞的，我倒不是期求什麼高職調升，唯一的只希望能在勞逸平均的原則下調回去，至少我對自己的家和妻兒了無遺憾，今天學歷、經歷，才能共沒多大用處，人事關係，實在太重要，我自己也明白，我又不是一個善於逢迎，長於拉關係、拍馬屁的人，多少年來只是憑著自己一股傻勁去幹，有了今天的成就，已經是難能可貴了，夫復何求，因此，凡事只求無愧於心，即使今天叫我退下，我也無遺憾，有時候總想爲什麼不灑脫一點，凡事馬馬虎虎得過且過混混日子算了，但我的個性卻又不允許我這樣，如果眞叫我不管事，整天閒著我會悶出病出來的，總而言之，我是在憑著自己的良心幹，縱使有時會興起「龍困堅強」之感。但又能如何呢？就算是爲妻兒吧！這該是自己唯一的安慰與鼓勵，尤其妳每次來信的那些鼓勵的話，使我覺得我不該洩氣而且更該好好的幹一番才對，在我心情不好的時候最好的慰藉，就是坐在辦公桌前凝視妳和浩兒充滿了笑靨和滿足的表情，這樣一切煩惱與不安都煙消雲散，但隨之而起的卻是內心裡充塞著的對妳和浩兒的一份歉疚，我相信妳有一個做軍人之妻該能忍受的美德，一切妳都處理得好，但是我卻不能不存在著一份歉疚，愈是妳承擔起來，這份歉疚就會與日俱增，那也只有用我全心全意的關懷與努力來沖淡它，……要說的話太多了，當我提筆給妳寫信的時候，也是我最最平靜與安詳的時候，我想我內心的這些眞誠的傾吐，也唯有對妳才能如此坦誠的表露，也唯有妳有能一點一滴的接受，妳該不會嫌我囉嗦吧！至少在我不管是用筆也好、用口也好，傾訴了以後，心情會覺得平靜了很多，在這個世界上，除了對妳，又能對誰去訴說這一肚子的衷腸與肺腑之言呢？但願妳不要受我的影響，相信我，我仍然是一本初衷，不會影響什麼的，我也相信，短時間內，他們該會考慮到我調回去的，至少也該有良心發現的時候！等著吧！相信妳會比我先知道的，讓我們一起來祈禱吧！

好吧！談了那麼多的「牢騷」話，也許我不該讓這些影響妳的情緒，原諒我，否則我會悶出毛病來，近來天氣漸漸冷了，妳自己要注意身體，尤其龍潭風那麼大，而且又特別冷，上班的時候，寧可多穿點衣服，天氣冷了，平時沒有必要儘量少回去，每天回媽家，晚上帶浩兒睡，總比一個要好得多，反正房子跑不了，東西也沒什麼值錢的，每星期六帶浩兒回家看看就可以了，冬季是進補的天氣，妳跟浩兒每天早晚的牛奶可不能斷，還有魚肝油也讓浩兒常吃，至於妳每餐多吃點豬肝什麼的，對啦！上次人家送的高麗參，現在正是吃的時候了，但願這個冬天，妳能補得又白又胖，浩兒我不擔心，婆婆不會少他吃的，妳我卻不放心，來信告訴我妳如何過的，房子那些小地方修好沒有，反正不礙事，也不必急著去找他，他不要錢我們也不急，對嗎？小妹的事如何？有沒有消息，前些時我還寫了一封信給錢先生，讓他再關照一下，李兆元那兒有消息沒有，但願年前能弄成，到我回來過年就可以對老媽有個交待了，浩兒上學是不是改爲半天了，下午可以讓他好好睡個午覺，媽的身體好了沒有，我一直在爲她擔心，有時候太累了，實在令人擔心，年齡大了，總不比年青，但願小傢伙們能早點懂事，讓她有充分的休息，這也是我希望妳多回媽那邊的另一理由，至少妳下班以後可以分她一點勞，帶帶浩兒，做做家事，我答應浩兒的腳踏車，等我元月份回來，該不會有問題，因爲我現在正在存錢，到時候一定要買給他，至於他過年的新裝備，就要他的媽咪想辦法了，妳不會反對吧！這兩天我好像有點感冒，全身酸痛，到醫院看了，不會礙事的，只要心情好就好了，劉豁烈的太太過年該沒問題吧！寫信去看看，如果她願意北上，歡迎她來我們家過年，孤兒寡婦，實在需要人家的幫助，在金錢方面，她是不會接受我們濟助的，事實上，她也不需要，我們的小小意思也未必能有啥作用，依我與豁烈的關係，對她照顧給予精神支援，總是應該的。

也許是很久不來船的關係？心情較爲悶一點，所以給妳寫信說的也就多一點，反正讀過了就算，她也不要放在心上，看完了就算，不要因爲我的心情而影響妳的情緒就好了，對啦！感冒經吃了藥以後，已經好了，這裡這兩天變得很冷，白天溫度只有三四度，晚上有時降到一度，但在感覺上除了手腳有點凍凍的感受外，也沒什麼，看樣子會比去年冷些，衣服什麼都夠了，不要再帶來了，免得麻煩，我什麼都不需要只需要你的來信，和妳跟浩兒平安，我就很充實很安和了，在這兒祝福妳，天太冷了，不要一個人回中壢，家不會給人搬走的，即使搬了也沒什麼了不起，因爲沒値錢的東西，人家不會要的，好吧！不寫了！手冷得很，有時間再給妳寫？

妳的瑾於 64.12.13

p.s 我叫連絡官換領的總部來賓證，如果他交給妳，妳就替我保管好了，反正這邊用不上，回來才有用。

小玲：這兩天好冷，溫度都在3℃左右，昨天還飄下了一點雪花，好多年不見雪了，眞驚奇，尤其是生長在亞熱帶的小兵們興奮得不得了，只可惜下得太小了，不然妳又該羡慕我了，對嗎？

今年過年如果媽身體好的話，可以請媽幫我們多作點香腸臘肉，我回去準備帶點來讓大家嚐嚐，錢可以先給媽，我回來再還妳好了，過年用招待客人的東西，也可以準備一點，免得我回來太晚來不及準備了，蔣陞這次回去了，恐怕最快要元旦以後才會回來，反正他在不在都一樣，告訴浩兒爸爸很想他！叫他要乖，回來一定給他買姊姊那樣的車。

瑾 64.12.16

（五）

小玲愛妻：

前幾天剛給妳寫了一封信，今天想想到要給妳寫信，因爲實在想妳，只有給妳寫信的這一刻才最寧靜，也最充實，也唯有給妳寫信，才能發舒我內心的鬱悶，也才能吐露我眞正的心聲。昨天爲了一個單位的中山室沒整理好，以至我也挨了頭子的罵，每天早起晚睡，眞可以說是跑斷腿說破嘴，年青的幹部仍是打混，稍一疏忽就會不如人意，當然，或者是自己的工夫仍然不夠，但說我從來不出去看看，不了解狀況，實在令人傷心，也許長官是隨便說說，但在我聽起來，實在是傷心，因爲精疲力竭，所付出的代價，換來只是如此、奈何！這也該是我日後對部屬的領導要特別注意的，他山之石該是如此吧！本來內心很感難過，但部下卻爲我抱屈，爲我叫冤，給予了我莫大的安慰，再加上自己想想只要問心無愧，又何必去求得別人的諒解呢？自己的疏失，總是在所難免的。

上次妳說的我初試及格了，我不太敢相信，今天又有人告訴我，也許是眞的，那眞是憑天才、憑運氣，也許這是好事，但也許這並不是好事，但不論如何，有較多的時間陪妳們母子總是好事，兩年的東引，加上這一年多的主任，現在又到外島，對妳們母子的照顧上，我是愧疚萬分，儘管妳一直在鼓勵我、安慰我，但在妳的心靈深處，又何嚐不想自己能每天和丈夫在一起呢？尤其是兒子，每次我離家時他總會問：爸爸什麼時候回來，久久我內心都會有一份歉疚的感受，也許這種日子不會太長了，所謂苦盡甘來，到時候我該好好的補償妳這些年來損失了，老三現在在受訓，只有讓他安心受訓，等快要結業，再給他想辦法，人在受訓去佔別人的缺，總是不好，誰又願意讓人佔缺不幹事呢？叫他好好爭取成績，憑自己的本領去獲得更好的位置，才是正道，也才經得起考驗，我這一生就是如此，從來沒有靠過什麼人，只是憑藉自己的本領去闖天下，雖然今天並沒有什麼成就，但至少也了以說得過去，對嗎？

這裡近來特別熱，地很潮濕，不過天氣很好，戴正祐退伍了，辦公室沒有找軍官換一個小兵，很機伶，也很好，倒省了不少心事，下次妳見到他，一定會滿意的，看樣子，浩兒上學的事只有靠妳自己去努力了，我恐沒法回來，辦得成就成，不能成讓他再去大班混一年了，如果能成，開學的前兩三天恐怕要接送他一下，上了軌道就好了，這一切也只有偏勞妳，必要時可以請中阿姨來幫幫忙，在我內心也只有對妳更加懷念和感激了，宋先生上次來了，匆匆來，匆匆走，只在機場見了個面，大家都忙，沒談什麼，妳的口信「很想你」三個字，夠我滿足了，比可貴的水果要值錢得多，我又何嘗不是一直在想妳呢？只有讓書信來傳達我的想思了，下次再繼續吧！

祝福妳

瑾於八月十三日

（六）

P.S. 26.27兩天早上起床以前都會夢到妳跟浩兒，大概是我太想妳們的關係吧！祝福妳們！

小玲愛妻：

回來半個多月了，前兩封信都是託人給妳帶去的，我想這封信大概是要郵寄了，從我回來，一直到前兩天，總算是清閒了一點，每天除了看看公事、別的事，儘量避免去管，因此，坐在辦公室的時間就多了，只要一坐下來，就少不了要給妳寫信，在我腦子裡，除了工作，就是妳和浩兒了，這次休假廿天的時間，我們又渡了一次蜜月，到現仍然還在使我回憶那份甜蜜和愉快，雖然多數時間都；是我一個人在家，甚或奔波於桃園中壢之間，但那份滋味，仍然是甜甜的，上次休假，兒子沒上學，整天陪著我，這次兒子上學了，沒辦法，只有自己陪自己，當然我不會自私得不讓太太上班、兒子上學的，我想小兒子還是讓他轉到「愛心」去好些，孩子慢慢大了，總是離不開媽咪的，對嗎？我的回來，到現在沒有消息，但願快一點回去，再過一些以往那種日子，倒不是放不下家，而是我有自知之明，今天我們的處境我很了解，沒人說話，要想再向上發展，談何容易，人事人事，沒人就沒事，這就是不否認的事實，目前我唯一的心願該是早日回去，早日安定了，可望而不可及的將軍夢，只有等到晚上再去做吧！

這次我又買了二萬五千元儲蓄券，原本打算把現款帶回去準備蓋後院，但放在這裡兩三個月，不如買成儲蓄券，也可以中獎，不論多少，總比放著好些，何況蓋後院並不是一兩天可以實現的事，對嗎？說不定愛妻的幫夫運來了，中個十萬八萬的，不是更好嗎？到目前爲止，我這邊已經有了四萬塊錢的儲蓄券了，這是一點一滴存下來的，也是我的私房錢，但對愛妻妳，仍然是公開的，對別人卻是保密，對啦！存款簿和私章捉迷藏之後，又都到妳那裡了吧！乾脆四月份一起辦整存，反正妳那邊的幾筆存款，到時都把它整存進去，那樣可以獲得優利存款，但記住不能超過五萬元，如果超過了就沒有利息了，等五月份開始，我再開一個1.200的戶，我想我們以後的日子就會好過了，對嗎？這都該歸功於我的好太太，讓我們的家庭經濟走上了計劃經濟的道路，下次回來，再陪我的好太太出去散散心，渡蜜月，相信我們家的生活會慢慢的改進的，這也可以說是我一生最大的心願——使妻兒過舒適安定的生活，眞的，我現在別的不擔心，只擔心妳這個傻丫頭，沒有一點心機，人有時候還是要用點心機，不是害人，而是防人，知道嗎？不要一時感情用事，一根腸子到屁股。

老三調職的事，我已經寫信給錢先生謝謝了，同時我也給吳孝先寫了一封信，拜託他注意小妹的工作問題，看如何？這個女婿還不壞吧！可以讓一天到晚都在爲妳們忙，小妹回來沒有，在外面混了些日子，大概又更野了吧！浩兒上學情況如何？不要太勉強他，高興就讓他去玩玩，主要是培養他的群性，千萬別使他心生畏懼，我在這兒很好，什麼都不缺，只缺乏妳的愛，但願常看到妳的信。祝福妳

妳的瑾於 64.3.25

P.S.熱水器的雙管裝了沒有，大姊生日送什麼了，有沒有代表我致意！

（七）

小玲愛妻：

莒光週再加上蔣先生走了，可把我忙得不亦樂乎，幸好順利完成，總算有了交待，又要擔任教官，又要督導，一個人眞有分身乏術之感，不過有一點可以告慰的，也不是蓋妳，我這個教官還是蠻受歡迎的，而且得到很好的批評，這也是妳的光榮，事實上，今天不論什麼成就，如果有的話，都該歸功於賢內助——愛妻妳的鼓勵和鞭策，妳不是一直要我爲妳爭一口氣嗎？這些地方不會叫妳失望的，至於日後是不是能出人頭地，絕非如此單純，這一點妳也很了解！當然也不會計較，總而言之，凡事只求其心安而已，已經盡了力，問心無愧就好了！我的個性妳很了解，如果叫我去找關係什麼的，非我自願也，多少年來一直如此，日後仍是如此，此正所謂「江山易改，本性難移」是也，我相信自己有把握做好任何事情，但卻沒把握去安排自己的前途，必要時能清茶淡飯陪妻兒清閒渡日，也算人生一樂，外島一年多，使我體會了很多，但願回去以後能過一段安定的日子，也能兼顧一下妻兒，於願足矣！但這只是「願望」而已，仍將聽人安排！這也許是有感而發？這種心情，妳該是最了解的，別爲我擔心，我仍是精神愉快，身體健壯，工作也很順利，只當它是有感而已！

今年母親節我不在家，兒子又小不懂事，沒有人送妳禮物和康乃馨，在此，我只有爲妳祝福，相信兒子大了就會記著這一天的，浩兒不是常說他最愛他的媽咪的嗎？眞叫人有點嫉妒，兒子的反抗期過了沒有，是不是還是如此，必要時還是要管管他，最要緊的，也是妳最容易疏忽的，就是妳們娘兒倆的營養問題，水果、牛奶是不是天天吃，中午妳該不會再吃生力麵吧！但願我回來看見妳長胖了。

存款我已經開了一個一千二百元的戶，從五月份開始的，放心，我還有錢用，不會像妳說的那麼可憐，何況這裡根本不用錢，妳來信說家裡已成了眞正的花園洋房，我回去該可以耳目一新了，眞難爲老爸爸了，回來以後再讓他老人家過過照相癮亦示謝忱。媽住院了沒有，該不會怎樣嚴重吧！告訴寶貝兒子，他的爸爸又該快回來休假了！他可有得樂了，現在已經五月份了，不知道妳九月份的合同準不準備再繼續，也許妳要看我的工作而定，如果可以有個安定的工作，妳該可以休息休息，好好在家帶帶寶貝兒子，如果仍然是在部隊，那就有考慮的必要了，不過我總認爲浩兒一天天大了，也一天一天的更需要媽咪的照顧，他不是每天都要媽咪回家嗎？這就是很好的明證，加上老媽媽身體也不行，小傢伙老是拖著婆婆，也不是辦法，何況大了，也該上學和管教了，妳說對嗎？不論怎麼說，妳上班我不上班，浩兒都該把他帶回來了，到時是請人家代看或另想別法，有待研究，我想下次休假回來，我們該好好爲此研究一下，眞的我也跟妳一樣，有時候想想，孩子也怪可憐的，老四要的車票收到沒有，證件的事能辦就辦，不能辦就把證件拿回來，同時也要快點辦才行，等我再調，恐怕辦起來就更不方便了，其實辦不辦也沒有什麼多大的影響，劉豁烈的太太有信沒有，如果要什麼幫忙，就幫助她好了，沒事可寫信安慰安慰她，妳們都是女人，談起來比較方便些，我寫信給她，總覺得有點不方便，反正妳是代表我的，一切妳都可以作主的，對嗎？也眞難爲她了，三十出頭，拖著兩個小傢伙，後半輩子眞爲她擔心，所以只要能幫助她，就該盡量幫助，如果可能的話，等我回來，眞該去看看她，只怕到時沒時間去那邊。

呵！對啦！浩兒是不是還有什麼預防針要打，問問陳醫生看，不要忘了，妻兒的健康，才是我眞正的幸福呢？這裡天氣仍然很涼，尤其早晚，差不多都在十五六度左右，也許要再過一個月才會正常，看電視台灣已經很熱了，我們的新居如何，樓上熱不熱，如果熱的話，眞要實現妳裝冷氣的計劃才行，這又得列出一筆預算了，妳那邊幾筆存款辦得怎樣了，都整存進去了吧！曲偉華那筆有無問題，是否再存，妳自己決定，那要看妳是否繼續上班才能決定，反正我這裡已經開了一個一千二百元的戶，依我看先停個時間，把那幾個會上完了再說，免得一旦我回來會週轉不靈的，何況後院還是要修起來的，妳該動動腦筋，把它列入計劃了，再讓浩兒的學費也該著手替他存了，小妹最近如何？工作找到了沒有，看樣子，大概該找一長期飯票才行，江先生呢？是不是有了高就，好吧！別不說了，等我回來以後再慢慢的談，免得一氣寫完了無話可談。

祝福妳：

妳的瑾於 64.5.12

給浩兒：

浩兒：聽媽咪說你長高了很多，是嗎？爸爸很高興，但又聽說你最近不太乖，眞的嗎？小孩子一定要乖，尤其對媽咪要好，要保護媽咪，聽媽咪的話，不要惹她生氣，爸爸一定喜歡你，回來帶你去玩，替爸爸問候婆婆、公公好！

（八）

小玲愛妻：

早上給妳打過電話，說眞的，我的確很想妳，眞恨不得不顧一切的跑回去，跟妳廝守在一起，但事實上卻又不可能，只有更增添我的相思，白天給妳打電話，也無法盡興的談，晚上電話又打不通，有啥辦法，眞是度日如年，以前在東引兩年、似乎還沒有這種現象，這次來金門，好像特別想妳，眞是愈來愈黏了，怎麼辦？考試又沒考取，眞洩氣，也好沒面子，當然一分耕耘一份收獲，我平是沒法看書，只靠那兩天臨時抱佛腳，能考上十三名，已經不錯了，對工作而言，是問心無愧！但對愛妻而言，卻是充滿了愧疚，對嗎？過去了就不提它，今天電話說小兒子的生日卡片還沒有收到，我廿五日寫的，也未免太慢了，但願今晚回去能看到，剛好今天小兒子生日，好讓他高興一番，至少不會抹煞老爸爸這一番心意對嗎？聽妳說張榮生大概該是時來運轉的時候了，找到爸爸同學、而且也有辦法，不過仍然是希望能早點喝他的喜酒，了卻老娘一樁心事，對嗎？

（九）

玲玲：

早上趕計程車到車站，結果一直等到七點半才來車，早曉得就不趕計程車了，來到辦公室正好八點，但不知道怎麼搞的，心裡總覺得空蕩蕩的，好像有很多的事不知如何去辦，也好像一點事也沒有，心情始終是在半空之中，我覺得愈接近我們結婚的日子，心裡愈覺緊張，也好像有千頭萬緒無法理清似的，眞奇怪，我好像從來沒有這種心情，也許這正是人家所說的一生的一件大事，一上午爲了幾件公事，中午午睡也沒睡好，總覺得心慌慌的，不知爲了什麼？下午起床辦公室寫了幾張請帖，又給陳興國寫了一封信，仍是如此！拿起筆來給妳寫信，心裡一直在想著妳，也許妳已經來了，今天本來要去那邊參加歡送何少校的，但一則因大雨，一則要開會，只有作罷，妳也不會去的，反正那種心情，沒有什麼，心裡亂亂的，眞不知怎辦才好，事實上我們該沒什麼好準備的了。

妳的請帖寄了沒有，送的也該送了，那邊的一大堆，請蘇述良去送一下！我還要找個時間去妳們那邊一下，找鄧中校他們開個會，同時要去很多地方送請帖，到時再告訴妳好了，反正什麼事情我都會安排好的，鼻子看了沒有，如果沒有的話，星期六我陪妳去桃園看，馬上要結婚了，自己要多夕保重身體，冷熱小心，別太任性知道嗎？不要到時新娘子生病那我就「慘」了。

星期三是否回家，到時再說，沒事妳最好回家，免得我擔心，好想妳！祝福

愉快

愛你的瑾於 59.11.2.下午

（十）

Mark:

珍珍寶貝：

當妳接到這封信的時候，正是我們的結婚一週年的日子。時間真快，一年來我在安定幸福中悄悄地過去，緊接著的是妳又要為我帶來一個屬於我們自己的小寶貝，正如妳所說的我從一個人變成了兩個，馬上就要變成三個了。今天，我沒有陪妳去吃，沒有陪妳渡過我們的結婚一週年紀念日，妳該不會怪我吧！一個月前我就在計劃該送妳點什麼，存了三百塊錢，結果上次去台北花完了。雖然妳說送妳什麼就可以了，但我內心總是有著一個疙瘩。這些日子我又在想，該送點什麼給妳。我永不會忘記這個日子的，因為這是我一生中最值得記憶的一天。我在辦公室親手作的一顆心，把這顆心獻給妳，妳該不會覺得太小了吧！這大概是心意，我的一顆心。珍珍寶貝，我知道妳很想有一個娃娃，每次妳對那些洋娃娃總是看得很高興，我特別為妳買了一個，妳將為我們帶來一個活生生的娃娃，我在我們結婚週年紀念給妳還贈一個好喜愛的娃娃，妳高興嗎？不要又怪我亂花錢，先向妳借，馬上我可以領一筆獎金，就可以還給妳。

本來想請假陪妳一天，一來怕以後我休假不合算，二來馬上要視察，等我們結婚兩週年我們可以再去渡一次蜜月，那時候小寶貝也可以帶去，大小寶貝一起多好！

祝幸福

愛妳的王[illegible] 民國60.11.15.

P.S. 禮物都寄上，收到了不會不高興吧！讓他陪著妳渡過我不在的那些日子！
這顆我自己親手作的心，把它別在娃娃身上以作紀念。

（十一）

玲玲寶貝：

我知道你這幾天爲了我即將來臨的生日，在費盡心思策劃，這又使得我想起去年我的生日，在虎嘯營，妳傻傻楞楞的冒著風雨一個人跑到中壢去給我買禮物的那回事，當時我是既感激又心痛，一幌一年過去了，又是我的生日，以往是未婚夫，而現在已經是妳的親愛的丈夫了，我覺得妳不要再去策劃什麼了，夫妻之間的愛，並不一定要注重那些形式，只要到那天我能聽到妳對我說一句生日快樂，我就心滿意足了，至少，那表示了妳沒有忘記那一天，又何必一定要浪費錢去買東西什麼的，更何況我們目前情況都不好，緊接著的該是要籌劃我們的小寶寶的出世，那才眞是一件大事，所以，能省的就省一點吧！我一向都不重視，這些，我覺得只要有了妳，有了我們的小寶貝，我就什麼都滿足了，世界上還能有什麼比那更重要呢？妳說對嗎？我生日那天上午要上班，下午當然可以早點離開，我不想讓別人來打擾我們，但願能跟妳在一起靜靜的來渡過生日之夜，所以我希望妳也是要求妳不要去安排什麼，晚上我回家吃晚飯，弄兩個小菜，我們倆人吃就可以了，那比花錢弄一桌好得多，妳知道我是最怕人多的，聽話，至於妳一定要表示心意送點什麼，我也不希望妳超過五十元的價值，我們家都不很富裕，這些俗套何不免了，等寶貝出世以後，我們再來慶賀輕鬆一番。

寶貝：我好想妳，別總叫我爲妳操心，聽我的話，星期幾開始我又休假，幾天在一起，這不是我最有意義的生日嗎？好！告訴兒子，爸爸生日的時候乖一點，別跟媽媽搗蛋。

祝福妳

愛妳的瑾吻筆 60.10.18

生日晚菜單：1. 油燜青椒　2. 妳的拿手菜　3. 排骨冬瓜湯　4. 炒麵

二、素玲真情覆函

（一）

Dear 瑾：

昨天在綿綿春雨中送走了你，想想我們整整的二十天生活在一起，點點滴滴都是那麼的值得回憶，短暫的分別又算得了什麼呢？分別之後的相聚是格外的溫馨與甜蜜我想這份滋味是別人難以領略得到的，不知你是否有此同感。

今天早上錢先生打電話說張蓉生已調到他的單位，管油料，我想你該寫封信謝謝他同時也提一提小妹團管區的事，我想如果有缺應該沒有問題你說呢？

今天晚上準備回中壢去把那些剩下的麵解決掉，只是怕回家那份淒清寂寞到處都是你的影子，留在腦海一時難以適應，但也只有去領略那份無奈了。

你一路上是否順利，東西吃了沒有，沒媽做的好吃，但我想這是另外一分滋味該會特別的香甜，只恨車來的太早，連讓我們喘口氣的機會都沒有。

你在樓上忙，我在樓下忙，連送別的午飯都是匆匆結束，該是此次最讓人覺的遺憾的事，原想與你好好的睡個午覺，眞是殺風景透了。

浩兒的表現想來大出你的意料之外，沒想到他會乖乖的給你說再見，對吧，這一趟回家沒有白回還給兒子親一一個大大的香澎澎，也沒有留難於你，一定很滿意對吧！告你新買的火車到昨晚爲止，已始解體我想它的命運可能也只能維持一個禮拜了，哀哉！

房子代款的錢記得每個月二十六號以前匯出，別躭誤。

休了那麼久的假，公事是否特別的忙！主任是否回來了，我想這下你可慘了，要代理主任處理公事，晚上別忘了多用一盞檯燈，否則會未老先衰變成你老花眼囉！

你回去指揮官有沒有講你偷賴不回去呢？你是怎麼說的？

64.3.12

（二）

Dear 瑾：

你好，從你的信中知道你非常的忙碌，也從電話中知道你曬的好黑好黑，不敢想像你到底是黑到什麼程度，只要不把我嚇壞就夠了。

昨天是我們的「三八」節，兒子前一天就跟六六回媽家去了，我跟媽及小妹去逛台北買了一些東西，想來不必向你一一報告吧！

對了，我們的儲蓄劵，你到底對了沒有？不要中了大獎都不知道喔！

今天才九號算算要十來天才能見到你，可眞有點耐不住的想你，不知你是否也如此呢？我的生日就依你的意見辦理好了，做什麼菜我倒眞是有點難於應付，不過好在又不是什麼重要的客人，到時隨便將就點好了，至於禮物嗎？我想也免了，說實在的現在金錢、物質對我來說都不欠缺，只有你陪伴著我，才使我最高興，也是最滿意的時刻，但這一點也是最難求的，對我們來說每一次的相聚都是値得回味的。也是令我們期待著另一次的會面快一點的到來，春天的氣息是愈來愈濃了，不知在這春暖花開的季節裡會給我們帶來些什麼春的消息呢？盼望春的使者能帶給你更美好更順利的將來，爲你也爲我對嗎？下次談。祝

愉快

your love 玲筆 66.3.9

（三）

Dear 瑾：

過了年，今天可算是才開始正常的生活，一切又如往昔般的規律，兒子上學，我上班，其實這種生活也沒什麼不好，不是嗎？倒是你讓我挺擔心，這次回來我發覺你對工作的情緒陷入極度的低潮而且有倦怠之感。我想這些都是心理上必須克服的障礙，否則工作是不可能在短期間有所改變的，那麼長時間的情緒不安將是很痛苦的事情不知你能否想辦法去解決這些煩惱呢。

昨天參加同學會到了十多位同學輕鬆愉快的玩了大半天，下午三點多回家，兒子的演奏會也是滿熱鬧的，演奏會完了以後還有同樂會，從二點開始到五點多才結束，你兒子差一點都坐不住了，直嚷著要回家。

愉快

your love 玲筆 66.2.28

（四）

Dear 瑾：

你好，上班船該已收到我的信了，從你帶回來的信中得知你上次感冒的後遺症似乎頗爲嚴重，但望你自己多注意休息與保養，盤尼西林之類的藥劑最好少用爲宜，你們那裡既然有專家好好的治好爲宜，不知你現在是否已好一點了，念念。

另外信中情緒似乎有不穩的現象這次休假回來言行中，亦有此意我想這也是人之常情，望你能控制自己的情緒，別想的太多，好人總有出頭的一天，你著急什麼呢？我是你太太，我都能忍的下來，你爲何表現的如此差勁呢？振作起來，等著那一天的到來該是你我最高興一日，對吧！我不希望你心裡老是放不下來，什麼事都要朝著好的方面想，就算是眞的不如意，有我支持著你，你難倒還有什麼値得擔憂呢？不管你是做了些什麼決定，我們都共同期待著它的發展，願如你我之意。

電鍋已拿回來了，可是鬧了笑話了，原來它是什麼毛病也沒有是電線插頭的毛病，買了一付四十元，現已恢復正常，望勿念。禮拜日晚上跟小妹帶浩兒回中壢的，這個禮拜六(28)日回桃園晚上有同學在台北結婚準備跟張佐芳一塊兒去。

連絡官那兒電話沒有打通也不知多少錢，待會兒我會打電話問他，不會讓他白花錢的。我跟浩兒都很好，就是這兩天晚上太熱，浩兒背上長痱子，我上次的脖子也長了不少，手臂已開始脫皮，倒是浩兒沒什麼，蓆子已鋪上了，可是這兩天晚上的確太悶熱，前門後門打開浩兒還是睡的一頭大汗，你們那兒是否比較涼快，換季了沒有？下次談。祝

愉快

your love 玲筆 64.6.25

（五）

Dear 瑾：

最近不知爲什麼老是提不起勁兒寫信，也許是有了電話的緣故吧！

而且總覺的日子平平淡淡也沒什麼新鮮的好說，當然想你念你是不會變的也唯有你在家的日子，彷彿才使生活充實些，這是內心的感受，也是我生活中唯一企盼的，大概是年齡一天天的增長，心裡總覺的失落了些什麼，而想要得到一些安慰卻又是那麼的遙遠、那麼的短暫，剩下的就是等待希望永遠的週而復始，但這卻是無可奈何的是嗎？甚至於要勉強自己去應付這份無奈，裝著自己很堅強很能幹的樣子，其實我既沒有做好母親，也沒有做好妻子，幸而碰到了你這位能包容我的先生，否則我眞不知自己是怎麼樣的渡過了這五、六年的婚姻生活了，大概是秋天的關係，人的心情也不怎麼的開朗或許是 mc 期中的關係，但願這只是短暫的低潮。

你到那邊也一個多月了，一切都已上軌道了嗎？但願你不會看了我的信而影響你的工作情緒，我說出來了，心裡會覺的好受一些，也許等你接到信，我已忘了自己寫些什麼了。

我想二十二號南下二十三、二十四玩兩天二十五號回來你看呢？我昨天打電話給王海珠安慰了她一番，她說要跟我一起南下，其實我倒寧願自己走的，不過到時或許會同行吧，反正還有好些日子，臨時誰有事也說不定對吧！

兒子最近的表現倒很不錯，就是早上起床比較麻煩些，懶覺睡慣了，沒辦法，好了下次談。祝

愉快

your love 玲筆 65.10.5

（六）

Dear 瑾：

那天眞虧了你把飯菜做好，浩兒六點彈琴，我回家把飯菜熱好，先給他吃了，送他去彈琴，你的勤勞，倒是讓我省了不少的事，也增添了不少的溫暖。

我從你這次休假的言談中及幾天以來休假的相處中我已大概分析出你情緒低落的原因了，當然有些在信中不便提及，不過上次人家對你的評比該是一個最主要的徵結所在，你這個人得失心太重，又不善於外交之道，所以往往事情做的多，好處得的少，在加上新的同事及……都不能合作得很好，所以工作上的職業病就無形中的產生了，偏巧那時候我又忙著打圍巾，一兩個禮拜也沒給你寫信，適時的給你安慰鼓勵，所以心情更加惡劣，回來幾天又碰上陰雨綿綿的天氣，也沒法使心情開朗的起來，不知你以爲我說的對不對呢？回去工作一忙我想你

的情緒也不會好到那兒去，不過最好能克制一點，人和才能把事情辦的順利，有時不妨稍爲放寬一些，何必那麼一分一釐的去計較呢？當然我知道你這人做事是要好心切，就不免嚴厲一些，但回過頭來想想，你一個人要好又有何用呢？還不是苦自己對嗎？倒是處人方面，我依舊是要給你建議要外圓內方，不要一天到晚方方正正的老是給人家稜角碰，碰多了，難免傷感情對吧？好了，寫了這麼多都是爲了你留下的那封信中的話，所激起的，你自個兒該已沒事了吧，倒讓我擔心呢？

好了，這下我也不偷懶了，至少一禮拜會給你一封信報到該放心了吧，你呢？最差勁了，我不給你寫，你也就不寫，難到夫妻間還要禮尚往來不成該揍，下次談。祝愉快

今天好冷好冷

your love 玲筆 66.2.4

（七）

Dear 瑾：

提起筆給你寫信，想想覺的怪好笑的，你好像離我愈來愈遠似的，光是台北↓台南現在是金門不知一年後又是那一站了。別的不說這可得又增加了郵費了，當然這倒是其次，增加了許多想思才是眞的。

你這次照的像片大致說起來還算是不錯，寄上兩張給你，其餘的等你回來看。

對了，到了那邊該去看看張蓉生，不知爲什麼我始終是偏愛張蓉生所以愛屋及屋希望你也能友善的對待他，因爲我覺的你對他的態度太嚴肅了一點使他有點不敢親近你的感覺，張蓉生是很敏感很自愛的人，不像老四，所以不必擺出一副老大的樣子知道嗎，自己人要親切一點對吧！叫張蓉生休假回來他的生日快到了。

你要的房屋貸款帳號是B240164號，謝謝你替我分擔了一部份的負擔，其實我還是付的起的。

浩兒明天（二號）畢業典禮我請假去參加，放心了吧。

浩兒彈琴我放他暑假到九月一號開始續。

你自個好好給我注意身體的保養及保持，否則我可是不讓你進門的噢！下次談。

祝　一切順利如意

your love 玲筆

（八）

Dear 瑾：

最怕的就是接連著幾天的假期，偏偏今年似乎特別多，這樣的日子，當然這是因爲你不在的緣故，多一天的休息就讓我覺得是多虛度了一天的感覺。

這種感受似乎是愈來愈深刻的樣子，不知是「你儂我儂」太深的關係呢？你們的人事官打電話來說叫我把你的證件寄給他，我已用掛號寄出，希望不會出錯才好。

禮拜六回家，昨天晚上才回中壢，兒子到大姊家住了一晚，最近較乖，大概是你不在的關係，反正，他是吃定你這做老子的，這個禮拜開始的下午午覺睡不成了，這樣也好，晚上八點半上床，不到九點就會睡著的，你用不著操心，把你的心，好好的用在你的事業上吧，不管其前途如何？總是要走下去的對不對？

寄上美麗的照片給你解解相思之苦，其實不知道你想不想，或許你還在高興離開我們母子，可以過清靜的日子呢！好了下次談。　祝

愉快　幸運跟著你我！

your love 玲筆 66.11.1

（九）

Dear 瑾：

你回去已兩個禮拜了，說起來時間過的倒是挺快的，但感覺中要盼著你回來卻覺的時間像是停滯不動的樣子，但願這次能如願考上「你們的大學」也可多陪陪我，說實在的我是爲

你而活，只有你在家的時候才能另找快樂，才能讓我覺的不寂寞，即使你惹我生氣的時候，也是讓我表面生氣而已（不該告訴你的，否則下次唬不住你了，不過可別眞的惹我生氣喔！我會離家出走的）。

你回去沒有什麼事煩心吧，新老板如何？舊老板走時你擔心的事有沒有發生呢？但願你能處理得當，不得罪人才好。

我叫你買毛巾被買了沒有，現在秋意漸重，你們那兒潮氣較重，希望你自己多注意些才好。

每次跟你通電話都能讓我回味很久，尤其你電話中的甜言蜜語，其實夫妻間這些也沒什麼不好意思的對不對！愛就是要表現出來，不管是行動也好、語言也好，才能讓對方有所「振動」同意我的說法嗎？跟你結婚這麼多年我是很了解你的，你比較含蓄，尤其是有外人在的時候，但女人的感受是不一樣的，她們喜歡別人知道她的先生是如何的愛她，這樣她可以在別人面前洋溢她的幸福，她的滿足，我寫這些不是說你沒有做到，只是讓你可以做的更好，不是嗎？當然你也可以指點我，你這個做丈夫須要我這做妻子的有什麼地方要改進，要加強？我會照辦的，好下次談。祝　愉快

your love 玲筆 66.9.30

（十）

Dear 瑾：我的科長大人：

下午就要跟你暫時的分開了，別替我擔心，真的我會好好的為你照顧我自己，倒是你自己該小心點才是，你擔心我，我也同樣的牽掛著你呀！

到了那邊一切都從頭開始，但願那也是一個好的開始，為你為我，你都該好好的把握時機，為你的前途去努力，當然在這個過程中也許不見得都順利，但當你不如意的時候，我會儘量的給你安慰，做你的賢內助，讓你不為其他的事情煩心。

明天下班以後你回來我等你，中午我睡個午覺洗澡等你回來時間也差不多打發掉了，乖乖的乙女孩，別擔心我噢！我想今天你走了，我也許會不太習慣，因為晚上的這段時間你每天都伴著我，今天開始，獨自一人，你想我們兩人是不是都該不習慣呢？好在我們之間的距離不遠，在心裏也覺的能够安慰的，不是嗎？

禮拜六不知你幾點下班，不管如何以下我們在桃園碰面，誰先到就等誰，再一塊兒回家，這個禮拜六請我到台北看電影好不好？你升了科長也該好好的請請科長夫人，對不對？別小氣喔！

好了，一切的一切盡在不言中，留著你自己慢慢的体会。

吻你，愛你！

你的妻 玲玲 筆

第六章　百鍊成鋼，躍升將軍

家瑾於民國六十七年二月一日，由金門師級主任，調回陸軍總部政戰部第二處長，當時政戰部主任張其黑中將，熟知家瑾爲人處事原則，剛正不阿，無私無我，認眞負責，奉公守法，擔任一處處長，遠比二處處長爲宜，所以將二處處長調來能說善道的張人俊同學出任，可見張主任是一個知人善任的高明長官。

家瑾自三月一日接任政一處長，因張處長尚未報到，他兼辦政一、二處業務，雖然忙的不可開交，他還是快快樂樂的接手，兢兢業業的工作，多做多學，對他職務上的鍛練，該是一件好事。只是他代表二處前往新聞處召開的座談會。順便抽空到總政戰部一處向處長郭篤周學長報到，竟引起這位大學長不滿，質問家瑾爲什麼從二處要調一處，家瑾直告：全屬長官安排，他始終想不通，郭學長爲什麼對這件事耿耿於懷？他接長一處處長，表面上看他掌握全陸軍政戰人事升遷大權；這是一般人對幕僚主管天大的誤解，其實對人事任命，全聽長官的，有時就是提出建議；長官也不一定會採納，更不可能「大權在握」，主導全軍政戰人事，只有依法規定照長官指示辦事而已。

家瑾在陸軍總部政一處長，幹了二年，就因為個性耿直直來直往，堅守立場，依上級指示和法規，一板一眼辦事，因此得罪了不少的人，包括許多長官、老同學、老朋友，托他幫忙，他照規定無法一一辦到，尤其有的同學在重要軍職上犯了大錯，他更是愛莫能助，人都有私心，只要所托之事沒有辦成，就會記恨一輩子，這點使家瑾始終無法想透呢？

關於他在陸軍總部服務的詳情和評價，僅摘錄他一手提拔的中校參謀，後來升中將要職的黃偉嵩將軍在追悼家瑾逝世十周紀念時所撰專文中曾深入明白揭露：

跟著家公處長兩年半指導、關懷、鼓勵及愛護下，我有說不盡的感激與敬佩。其中個人體會最深的有以下幾點：

建立幹部經管　型塑專業人才

國軍邁向現代化發展的過程中，政戰制度扮演相當吃重的角色。而制度成功的關鍵在人，因此家公特別重視人才培育和訓練，這從他要求我做好四年制軍官經管、領導能力等多項重要的要求可以體會。事實證明，他「中興以人才為本」的遠見，深深影響了爾後部隊的政戰制度定型與發展；同時，在他嚴格要求與至殷切期盼下，不僅造就了許多優秀的幹部，更帶動了政戰幹部整體的工作士氣，爲部隊戰訓與團結做出莫大貢獻。

強化本職學能　落實留優汰劣

培養優秀的國軍軍官，爲強化軍隊實力的重大項目。在社會強調專業進修與終身教育的同時，家公就積極鼓勵幹部運用時間充實自我本職學能，有效提升領導職能，成爲部隊所需的專業人才。但是他嫉惡如仇的個性，也反映在人事考核制度上，少數害群之馬破壞政戰制度榮譽，他希望訂定更完善的機制，有效去蕪存菁，淘汰不適任者，留下優秀人才，建立優質的軍隊戰力。

砥礪忠貞氣節　鞏固團結向心

近年來社會風氣逐漸多元開放，價值觀念也產生變化，但軍人優良的傳統價值是亙久不變的。家公特別重視軍官幹部的廉潔操守。他自己謹守紀律、勤儉樸實，以超高標準的品德操守來自我要求，也用復興崗的「吃人家所不敢吃的苦、負人家所不敢負的責、冒人家所不敢冒的險、忍人家所不願忍的氣」四句校訓，來警惕所有的政戰同仁，以無智名、無勇功的精神，懷於做個「革命大道上白潔無瑕的細沙」。家公認爲，具備這種條件的政戰幹部，才能夠團結官兵，發揮軍人對國家的忠誠信念以及忠貞不貳的愛國情操。

前瞻未來趨勢　擘劃制度發展

長期在部隊中發展，家公受到許多長官愛護及賦予重任，基於對部隊政戰工作的使命感，家公因而建立一份比一般幹部更深層的責任。他體認到官兵才是部隊戰力的骨幹，教育官兵成爲愛國家、愛百姓的戰鬥部隊，是我們無可旁貸的職責。因而他指示相關業管部門，必須以新思維、新觀念、新作風，來迎接新時代的來臨；而在制度發展方面，更必須保持連貫與彈性，以維持制度的可長可久。

在許多人眼中，家公看起來十分嚴肅，但是，眞正和他相處過後，才能體悟出他其實是一位「外在嚴謹，內心熱忱」的長者。我記得他曾經當面告訴我說：你們都認爲我嚴格，不苟言笑，但外表是父母生給我的，其實我的內心和各位想的都一樣。以當時的環境和部隊背景，能夠成就如此恢宏的事業，獲得各級長官（特別是主官）的信任與支持，恐怕你我都難望其項背！還有一些鮮明的記憶，我想藉這個機會提出來和大家分享：

◇他沒有老一輩政戰幹部的壞習慣「別人家不行，只有自己最行」、「玩權弄術，只看到他人缺點？」。

◇對工作要求沒有討價還價的空間（工作做好了，一切好談）。

◇考核幹部首重品德操守，這點是他的「天條」一絲毫不能打折扣；特別是金錢與女色，絕不能出錯。

◇對幹部工作上的要求：成爲主官的幫手；與幹部融洽相處，促進單位團結和諧。

◇要求部屬孝順父母，善待家人及對家庭負責（軍人長時間待在部隊，物質條件困苦，家裡都是父母、妻子照顧撫養，因此他特別重視幹部對家庭、親人要負責，這點他從自己做起，我們當幕僚都看在眼裡，直到今天退伍了，還在效法他的習慣。）

◇關心部屬：「望之儼然，即之也溫」，回想起他當時對部屬的關心和照顧，讓我們如沐春風；那一份濃厚的情感在我心裡生根，長出的樹，結成的果，讓我今日也能如此善待部屬。

家公一生對國家、軍隊和政戰工作的貢獻，在歷史上自有定位與評價；我有幸追隨這一位「一以貫之的人格特質、清廉耿介的道德操守、寬大爲懷的處世胸襟」的老長官，是我的福氣，如果說我在部隊裡有一點成就，都是源於家公的薰陶與教誨。我對他的懷念永無止盡，他的身影依然長駐我心。而對許許多多曾經受教、受惠於斯的人來說，家公英年因病辭世，除了爲他感嘆壯志未酬，在追思之餘，正好也給了我們效法學習的惕厲。

家瑾兩年後調嘉義軍政戰部主任，接四期同學同在總部任第二處長的張人俊學弟的遺缺，好的是當時的軍長黃幸強將軍，是陸軍少壯派有爲有守的將才，與家瑾才氣能力相當匹配，相處融洽，合作良好，使嘉義軍政治作戰工作，有著長足的進步，獲致上、下一致的好評。一年後調成功嶺大專學生集訓班政戰部主任。又是接四期學弟楊培基同學的遺缺，只知埋頭苦幹，照章行事、奉公守法個性，始終堅持作人作事基本立場，就是身處保守、嚴謹且一板一眼的國軍之中，仍然吃虧，本性使然，他也只好認了，世上有許多事，不是我們這些守本分的人、學得來的，也只有自做自受這一條路可走了。

大專集訓工作，千頭萬緒，做事積極主動的家瑾，自然更加努力，凡事帶頭推動，集訓中心乃一臨時組合團體，下屬幹部雖較優異，然多數人跟不上家瑾積極快速的腳步，如主要負擔學生集訓任務的一〇四師，師主任胡治清上校，雖然極其負責認眞推動工作、或因個性守成實幹，辦事態度與家瑾大不相同，家瑾雖一直相信他是一位負責盡職的優秀政戰幹部，事情急了，難免對胡主任也多所指正，責難，對其他的人也是一樣。事情急了，難免引爆他的湖南騾子脾氣，事後又痛自悔悟，可是惡名早已不徑而走，甚至影響到他的事業前途發展，可是只要長期跟過他的部屬，則有不同的感受，例如：青年才俊鄧長富將軍在追悼專文中指出：

「我和家公認識的很晚，第一次聽家公的名字是在民國七十一年，我接到命令到成功嶺擔任旅處長，我一些在陸軍的朋友提醒我：「你要小心些，成功嶺主任黃家瑾很兇」，聽完後也沒在意，心想我只要把事情做好，你再兇也要講理吧。

我那當時在總政戰部二處負責莒光日電視教學的業務，每星期都有製作和播出的壓力，沒辦好交接，節目開天窗是不得了的大事。「（當時編者正任總政戰部二處政訓副處長，負責國軍莒光日電視教學、策辦製播節目，鄧長富乃我首席辦教育的參謀，協助我辦理莒光日電視教學、企劃，督導製播節目工作是我最得力的助手。主任許歷農上將盯的很緊，有時周四早上播出的節目，星期三晚上要重新製作，我在思想戰線上苦幹三年，其中所受壓力是其大無比的，由鄧將軍的眞情告白足以證明）。而成功嶺大專生集訓正準備開訓，希望我儘快報到。有天接到電話通知，要我先去報到，再回來交接。誰知到成功嶺報到後，師主任胡先生帶我見家公，劈頭就是一頓罵：「別以爲在國防部服務就了不起，你今天不來報到，我就給你記個過。」這是第一次見識了家公兇悍，也從此開始了後十年和家公亦師亦友的關係。

跟隨家公的日子裡，從他那學習了很多，家公不是只有兇，他是標準的刀子嘴、豆腐心，嚴肅而正直，律己甚嚴，心思細密，思緒周嚴，有擔當、有魄力，他常講，可以批評他脾氣壞，可以說他能力差，但在品德操守上絕不容他人質疑，這對我的影響很大，我也一直奉爲圭臬。我退伍後到了電視公司擔任節目及業務部經理，以及華視文化公司總經理，均以此自律，受益良多。

除了在工作上受家公指導、照顧甚多外。我與內人交往期間亦蒙家公及素玲姐的關心，多次約內人餐敘，讓她了解軍人的工作生活，也給予開導及觀念的溝通，才使我們的交往修成了正果，至今與內人時常感念家公及素玲姐的關愛。倏忽，家公辭世將屆十載，撫今追昔不勝唏噓，尤在軍人形象受社會質疑之際，更感懷家公領導統御，負責精神、工作效率、自律嚴謹，受人敬重的風格，哲人日已遠，典型在夙昔，永遠感謝與懷念家公。」

曾在成功嶺大專集訓班擔任一〇四師政戰部主任的胡治清將軍在家瑾逝世十週年紀念專文中更以極其宛轉無限感恩的心情寫出：

成功嶺一〇四師大專集訓學生師：負責大專學生寒、暑期訓練，時家公是集訓班部政戰部主任，我是學生師主任，大專學生集訓僅我一個師擔任訓練。（待我任滿調離的次月就增爲二個師）任重事繁，一點也馬虎不得，一個媳婦，侍候一個婆，嘉勉常有，挨刮難免，在這將近二年中追隨家公，給自己的感覺是他處事明快，認眞負責，讓我學得很多，受益良多。家公治軍對部屬要求甚嚴，但也有其慈愛的一面。

記得要調升軍級主任的時候，家公是一處處長（總政戰部一處），作業召見，命令發佈等他對我隻字未提，有一天在走道上相遇，也只說了一聲「主任 許上將非常肯定你工作努力，交代荐報晉升，應感激主任栽培之恩。」我升級如果說他沒有幫忙，那肯定是假，但他卻不攬功。在成功嶺大專集訓，每天眞的有忙不完的事，弄得上下各級心、身均煩，因此被責備難免，但軍團每三個月有一次評比，十一個師級單位，我皆被評爲第一。他把成功嶺上整個政戰工作的功勞，而讓他的部屬我來享受榮耀了，他自己卻不言功。事實說明，「功歸長官；果賜部屬。」這正是 家公非常難得的美德。

他堅持原則，公正不阿：對此我個人的看法是「了解他的人很好相處；不了解他的人相處則難」。此話表面看好像言之無理，但卻是事實，他常常爲了「堅持原則，公正不阿」而得罪了人，致私地下常有人在批評、埋怨，爲什麼會造成如此落差，就是對他了解不夠爲最主要原因。他時時事事堅守他爲人的基本立場，識者都對他表達敬意和充分的體諒。胡治清將軍專文最後給家瑾總評量：

「勤軍務鞠躬盡瘁；著政績爲國捐軀」。

家瑾成功嶺大專集訓班日記摘要：

七十二年一月一日 新春家瑾在日記中感慨，年雖五十，上校幹了十年，年度晉升無望，自認一生平庸，只要爲苦難國家盡了一份心力，應該心安理得，只祈求妻兒家庭幸福，自己常年奔波軍旅，很少照顧家庭，妻子工作還帶兒子，夠辛勞了，內心感激莫銘，前途發展，操之在人，不能強求，只求心安理得，無愧無怍就好。

七十二年一月六日　寒訓教官研討會，教授們贊同我的革新作法，全面肯定足堪自慰；晚餐時高興多喝了幾杯酒。

下午，承辦參謀官拿來指揮官獎金三千元，發現乃是救濟金，我拒絕領取，並要求退錢，二次計六千元，並索回收據，我黃某再窮也不要這種窩囊錢，不是我黃某故作清高，該我拿的一分一毫不會少，不該拿的自然一分一毫不收，這是我做人基本立場，不能馬虎了事。

七十二年四月十二日　今日赴台北介壽館向政戰部執行官廖祖述中將報告七十三年度大專集訓政教計劃，廖中將即席明確裁示，簡明切妥，其高明處令人敬佩，其思想不只切合時代需要，對今年大專集訓政教工作，一定會比往年更進步、更有效果。

會後到主管國軍政治教育的政二處辦公室訪問，編者當時正任二處副處長，好意對他說：爲什麼沒有提出計畫，申請勞軍款支援，他回答我說，錢已足夠了？我順便告訴他，往年有人會多爭取一千到二千萬勞軍款補助，主任王上將和許上將，對辦教育捨得花大錢啊！他始終不動心，照樣我行我素。

七十二年四月二十五日　本人做事，向來是只管耕耘不問收穫，一年來在成功嶺任事，一面兢兢業業本于良心，全力以赴，願為大專青年多做一點事情，多服務一些，並未計較成敗得失。可是造謠中傷，屢出不窮，憑空加些莫須有罪名，而且從四面八方來，令人懷疑有人故意設計的，像早有對陸總主任不滿，以及黎明教官鬧事……使人不能不提高警覺，除力闢謠言自清外，只有有始有終負責盡職，以工作績效打消破壞蜚言流語也。

七十二年五月十三日　今天化公來成功嶺辭行，忠黨愛國之士，被敵人攻訐而下馬，使人感慨萬千，化公一本初衷，要大家要效法蔣總統，無私無我，為苦難的國家善盡一份責任，懷抱犧牲奉獻精神，為國家為民族奮鬥，乃我革命幹部之天職。基地準備場地簡陋，正顯示人情冷暖，甚惡這些小人可耻行徑。

七十二年六月十二日　今天新兵例假，一百多輛計程車開往基地出口，擋住新兵所乘遊覽車出入，幸警察趕來處理，才將事件平息，証諸日昨在台中地區安全會報，提示敵人島內革命漸付諸行動，台中都會打砸搶事件層出不窮，又發生計程車包圍警局的怪事，不得不使人警覺，敵人的破壞行動已漸漸由社會滲透軍中，不得不預作防範，已經是無孔不入的，國軍更是他企圖破壞的首要目標。

七十二年七月二十七日　今日實施愛國座談，四十多位教授參加教學研討會，總政戰部許主任親臨指導、並主持晚宴。許多青年學生發言多幼稚天真，許歷農上將一席語重心長而略帶幽默的講話，確具儒將之風。第二天對大專學生演講亦深入淺出，不賣弄又不失平和有趣，令人敬佩。以後來嶺上多次講話，經常採話家常方式從日常小故事談起，牽引許多大道理，特別那和藹可親的態度，尤其令人敬佩。

七十二年十一月四日　郝柏村總長在陸軍官校講述國軍教教總則之精義，列入年度國軍精神教育的重點，三軍重要軍政幹部一律參加聽講，總長先揭發台獨禍國陰謀，強調國軍精神教育的重要性，重點放在國軍教戰總則每一條精義所在，一一予以闡釋讓三軍將校深深瞭解其重要性，尤其今天面對無所不用極的敵人他講話內容眞實精闢、明白，顯示總長在各方面之雄才。

（編者隨總長南下紀錄，並整理講話內容，刊印國軍教戰總則精義專册，大量分發三軍部隊，列爲精神教育重點教材，並撰國軍教戰總則釋義一書，列入年度國軍精神教育補充教材，許歷農上將發給我五千元獎金鼓勵。）

七十二年十一月十一日　台中后里軍政戰部主任徐劍萍學長，將黨國大老張群先生送給化公的座右錄影印本送我，其文略謂：「是非求之於心，毀譽聽之於人，得失憑之於天」，此乃中國人修持的傳統說法，與「逆水行舟與逆來順受」同一境界，正寫出了自己一生的際遇、感慨尤深也。

七十二年十二月十八日　今日欣聞、小宋（編者）終於調三年大學空軍學院佔高階缺了，首先打電話向他道賀，好小子，終於苦出頭來了，他在總政戰部跟化公・許歷農上將、郝總長打了三年思想作戰，在上校幹滿十年後，終獲長官拔擢，實至名歸，受之無虧也。

七十二年十二月二十七日　年度晉升將官案，終於定案，曹思齊指揮官晉升中將，自己也升陸軍少將，我和家人親友都很高興。尤其當日許歷農上將親自電話告知並祝賀，他更是感激萬分，可知許上將己肯定他的爲人與做事以及工作績效。三十日赴台北國防部參加宋長志部長主持的授階大典，雙肩由六顆梅花變成了亮晶的金星，益感今後責任愈來愈重，必須盡心盡力，全力以赴。

附錄：

（家瑾成功嶺日記眞跡：九十八年十一月十五日複印）

一、七十二年末能晉升少將，元月一日自我檢討

仁宇

民國卅六年本日
國府主席蔣中正，
祭告國父；文曰：

又是一個三百六十五天的開端，人生已虛耗了五十一個年頭，官拜上校已是第十年的開始，不能也不敢有任何奢求，更沒有格外要求的條件，來自平庸，再歸向平庸，這是天經地義的道理，唯有不斷充實自己，在平凡與平靜中為苦難的國家多盡一己之責，自然心安理得，另一方面，在求得家庭妻兒的幸福健康，和諧安樂，檢討一年來，家給予我的太多，太豐碩，而自己對家，尤其是對愛妻所付予的，實在有限，儘管有百分之百的心，也因為工作的時間，在實質上實在有限，對家人的關切和愛護，猶待我，詳加強，對了著前途，得之在人，勉強不得，但求心安

心安理得，自然無愧！！自勉之！！

台中成功嶺

晴

二、七十三年元月晉升大將，元月一日感想：

73年1.

一月大
1
星期日

癸亥年十一月大廿九日甲申
中華民國開國紀念日
世界和平日

辛亥武昌革命起義，各省聞風響應，孫中山先生自美取道南洋返國，十一月初十日上午九時，十七省代表在南京正式舉行臨時大總統選舉大會。在選舉前，參議院議長湯爾和發表聲明：「此次選舉，為四千年來歷史上別開生面。」衆人歡呼鼓掌。當即以無記名投票法投票，開票結果，中山先生以十六票當選臨時大總統。十一月十三日，即公元一九一二年本日，乘京滬鐵路花車入京，當晚十時就任大總統職位，定國號，改紀元，中華民國誕生。

一元復始、萬象更新、雖然這是一句應景的成語、但今天說來、却特別有這种感受、學校畢業迄今、已進入第卅個年頭、卅年在整個歷史來說只是一瞬間、但在人生的旅途上來說、都佔去了將近一半的時間！縱使能過百歲、亦已去三分之一也、呈翔自離家獨創天下、則又得加上將近十年矣；在甜酸苦辣中度過上萬個日子、歷經了多少辛酸、到今天總算是有了成就、登入將軍之列、此番榮譽、該歸功於家訓給予的溫馨與鼓勵、如果說自己有成就的話、這份成就是屬於妻子的、如今自己所能記取運用的是，不經一番寒徹骨、那得梅花撲鼻香。

本日大事提要：開國紀念、

天氣：晴時陰 溫度： 地點：成功嶺

民族存亡，視乎人事；人事成敗，視乎志氣。
我不欲自亡，人孰得而亡我。

365← 5 →1

第七章　公正嚴明　更上層樓

家瑾係於民國七十三年三月一日，調任總政戰部第一處處長，七十四年調任陸軍六軍團政戰部主任，七十六年調任國防部福制總處處長，於七十七年即調任陸軍總司部政戰部主任，七十八年一月一日榮晉中將，可說一路順遂，這或許是他已獲當朝兩位軍事強人——總長，郝上將和總政戰部主任許歷農上將的賞識和對其爲人任事、工作績效的全面肯定所致。原本他和兩位長官並無淵源，證明英明的領導者知人善任是不同凡響的。（連編者這樣只知埋頭若幹的老實人，也同時爲二位軍事強人賞識，並不次拔擢，能在幹滿十年上校後，晉升將官，確實跌破了許多人的眼鏡，強勢積極任事的家瑾和外柔內剛的宋某，同樣最後翻身，連我自己都感到意外。）

當然家瑾由許歷農上將主導，調任國防部總政戰部一處處長，必定會兢兢業業，一本基本立場，依法依規定辦理全軍政戰軍官任免業務，這在他到政一處報到後的日記，可以看出他的想法、做法。

例如：

七十三年三月一日，今日向總政部一處報到，先求儘速進入狀況繼則一本基本立場依法照長官指示辦事，上班後拜會、接見忙了半天，晚上沒敢回中壢家住，先在英雄館住下來，以利按時上班，第二天早晨，七點十分到辦公室，主任許上將立即傳見交待工作，主任以軍爲家，其敬業精神，實在令人敬佩。

七十三年三月六日，對三軍政戰人事執行上有許多意想不到的困擾，如人評會上，各軍種都有自己的想法和主張，必須謹愼小心處理，不但要讓各軍種滿意，又要提出讓主任易於裁決狀況下，做成最佳建議案。

第二天參加部務會報，處列幾個管制要案，使自己大傷腦筋，下來趕快要迅速以明究竟。好在處內參謀比較建全，今後善加指導運用其所長，必能圓滿達成任務。

七十三年三月八日，愈近距離親近主任許上將，益發現他是一位有原則，又和藹可親的長者，然對工作要求，卻極爲嚴格，我自己也是一個堅守原則、無私無我的人，相信在工作上一定會勝任愉快。

利用晨讀時間，先與處內同仁接近，增加彼此瞭解，好同心協力將工作做得最好。

七十三年三月九日，今天跟主任赴陽明山與黨藉國大代表座談會餐，和那些當年叱吒風雲沙場爲國立功的老一輩將領，許上將謙和有禮的向他們請教，談出了不少當前重大問題，諸如中共統戰，台獨禍國言論等，咸認爲惟有團結一心，鞏固領導中心，方能達成反共復國使命等。

七十三年三月三十日，到總政一處服務後，感到溝通十分重要，上下要溝通，三軍要溝通，與各級單位，尤其聯參單位部內處室，惟有溝通好，才能順利辦事。最重要的就是要與長官——許主任溝通、上下溝通好了，而可以瞭解他的立場，方可迅速執行命令，必會圓滿達成任務。

最近爲中央電台人事案，與聯五始終未協調好，最後請執行官出面，始獲圓滿解決。

七十三年三月二十六日，主任許上將幽默風趣，善於把嚴肅場合轉變愉快起來，他又親切自然，善與人處，很多事情在愉快融洽氣氛中辦好事情。這是一種藝術化，像我這樣個性剛強、修養不夠的人，想學都學不來，希望追隨他身邊任事，能夠潛移默化中漸漸養成最好。

七十三年三月二十九日，一個單位的工作紀律和風氣之養成，主管的領導是主要關鍵，高司幕僚單位參謀都是三軍優秀幹部調來，本質才能工作都是一流的，這個單位若工作紀律嚴正風氣和諧，一定績效優異，前任蔣先生，事事「蕭規曹隨」，人稱是「維持會長」，對一處工作紀律和良好風氣，，從來不在意致今日這麼好的參謀群，並沒有充分發揮其最大功能。

七十三年三月三十日，許主任在榮團會一席講話，發人深省，他說：凡事追求完美與成功，決非是消極的，而是要積極的追求完美與成功：凡事做的完美無缺，才是眞正的無愧於心，這番話由主任以最通俗的口吻說出，特別感人。他又鼓勵大家健身：有健康的身體是工作上最根本的基礎，追求健康身體，得從生活正常、心情愉悅、適度節制慾望，加強運動實行。

七十三年四月三日，主任許上將識人，以平實苦幹能幹的幹部優先選優任用，一改過去國軍政戰人士的升遷發展，有時會與各單位主管在用人上往往發生許多落差，他堅持基本立場，也使不少單位主管頗有煩言，如最近爲國防部青村人事調動一事，許與陸軍武主任有不同看法，在許上將手下辦理人事特別要小心謹愼，許主任是個性情中人，不高興會馬上表現出來，其後又變得若無其事，如此上下相應，反倒容易應對。

在許上將手下任事，只要你無私無我，堅持立場，嚴格執行所交辦之指示，再依照在日記中所揭示的敬業，對工作深入，堅持基本原則，照法令、和上級指示，多與有關單位協調、溝通，注重工作紀律、公正無私、凡事追求完美無缺，等原則去做，一定勝任愉快，家瑾二年處長幹下來，深受郝上將、許上將肯定，正說明他的工作績效和爲人處事、立場是其成功的眞功夫。

關於他在國防部總政戰部一處的工作表現和爲人，引述跟隨他的一處高參，後來升將軍的金國樑學弟在追悼家瑾逝世十周年專文中，有眞切感人的告白：

家公擔任我直屬長官，雖僅一年有餘。卻讓我留下永遠的懷念。

總政戰部第一處主管總政戰部的綜合業務，政戰編裝，政戰幹部經管政策，教育訓練規劃，組織工作等。涉及相關聯參甚多。

家公思維細密，主動與聯參單位主管協調聯繫。對參謀作業指導，力主簡明扼要。任期內指導完成的重要「參謀研究」，不勝枚舉。對政戰幹部培養，建軍備戰影響深遠，貢獻頗鉅。

爾後因表現優異，迭獲長官拔擢。歷任軍團主任，福利總處總處長，陸總部主任，總政戰部副主任，警備總部副總司令等重要軍職，各個職務均留下顯著的政績。

謹從家公在總政戰部第一處處長任內，對我個人的超序拔擢提攜，追念他敢於承擔，勇於負責的工作態度。

七十三年初，他從成功嶺政戰部主任職務，調任號稱天下第一處的總政戰部第一處處長。（第一處編制上校參謀官就有二十位以上，與空總政戰部所有處室上校正副主管員額相當）

我比他早一年在該處，擔任重要軍職業管參謀。

家公到任之初，我承辦的「人評會」，（審議國軍師級主任以上職務調整案。會議在主任室召開。主任親自主持。執行官，兩位副主任及第一處處長參加。第一處副處長及承辦參謀列席。後來邀請相關總部主任，列席該軍種總部審議案。）在某一個周六中午時分結束。

周一上班時，家公告知人評會審議的馬防部人事案，業已洩密。我當即向他報告，身為承辦人，自請業務移轉他人代理，以利接受調查。家公正色告知，已向主任許上將面報，保證第一處的保密紀律。業務正常運作，不必移轉。並指示本案洩密部分，移請第四處偵辦。事經月餘的調查，終於還我清白。

家公才剛到任，卻對部屬如此「有肩膀，肯擔當」。在我的心中留下第一個深刻印象。

此期間，空總政五處，政二處陸續協調要求我回總部歷練副處長職務。空總政一處考量我回軍任職，恐損失上校參謀官職缺，均以期別較底回應。

七十三年秋天，副處長曹上校退伍轉業。這位副處長負責督導總政戰部綜合業務，政戰編裝，國軍政戰經管政策及人事任免作業。業務至為繁重。家公屬意繼任人選，一為九期黃偉嵩，一為十一期陳興國。

黃時任政戰學校學生指揮部指揮官。長官均以指揮官是學生心目中的標竿，不宜調動頻繁。且任職期滿，宜以高階高職任用。陳時任陸軍第一一七師主任，任期甫屆半年，亦不宜調動。

曹副處長建議，以我充任墊檔。其理由：一・空軍發展較慢，聯隊級主任還有四期學長在任，金員歷練的時間還早。二・副處長爲幕僚職，任期可長可短。金員業務熟稔，適當時機回空軍歷練最好。如以專業發展，爾後中央單位另行安置亦可。是一枚活棋。

家公接受曹副處長意見，並說服主任及執行官兩位決策長官同意。

我以參謀官職務逕調副處長，創下兩項先例。

一・副處長編制爲陸階，卻由空階佔用。

二・副處長向由師級主任任滿調用，我卻以參謀職務，直接升任。

當時總政戰部各處副處長職務，清一色由五期學長擔任。（第一處另外一位副處長爲海軍五期張振亞上校）我以十四期身分破格調任，心理壓力不言可喻。

我回空總歷練副處長，尚且因「期別較低」，未能如願。竟然以如此資淺，破格晉用。做得好是應該，做得不好是活該。這一項破天荒的人事任免，更展現了家公「有肩膀，敢擔當」的風格。

家公逝世，轉眼已經十年。他嚴以律己，任事負責的風範。彷彿就在眼前。

家瑾歷練師級，成功嶺大專集訓，高司幕僚等多層次磨練，於74年再度回到陸軍野戰部隊，出任北部六軍國政戰部主任，在工作當然會得心應手，因爲當年那些競爭對手；升的升了，退的退了，再無人百般阻撓他向上發展了，套一句流行語，「擋在前進道路上石頭搬開了」，他可以向上發展，暢行無阻了。曾長期服務他身邊的王立民上校，在家瑾逝世十周年追悼專文中指出：家公清廉自持，嚴格治軍，是大家公認的。他是一位表面嚴肅，內心情深的好長官，對部屬照顧和體諒，往往使人深切感動，一生一世，不敢或忘。家公和朋友與部屬家人相會場合，更處處以幽默和風趣出名，都是老同事親身體驗到的熟知之事…，這足見他在軍團服務，憑藉他豐富的經驗，如魚得水，建樹良多，贏得上下一致的敬佩。

當時編者服務國防管理學院政戰部主任，家瑾曾熱心協助管學院改善官員生伙食——爲擺脫板橋菜蟲對管院伙食長期剝削，經院長袁豪將軍同意，轉到中壢六軍團副食品供應站買菜，家瑾特別安排了簡報，請管院教育長率領行政官員前往實地參觀後，而決定到軍團副食品供應站買菜，那裡的魚肉蔬菜新鮮而物美價廉，使管院官員生伙食大爲改善，每餐都有魚肉主菜，新鮮蔬菜供應；大受官員生歡迎，可是因此得罪了校內外既得利益者和板橋三弟兄常期把持管院的菜蟲，被一狀告到國防部許歷農主任處，說我宋某捨近求遠，不到板橋買菜而向中壢買菜，想收取回扣云云。許老爸深知宋某不是那號人，有一次向家瑾探尋原因，家瑾告以我和院長大力改善伙食，也就不了了之。最後我向院長袁將軍報告，院長竟說：「告的好啊，我們大力改善學院伙食，不好意思向長官表功，他告我們，讓長官知道，不是好事一椿嗎？」說罷兩人相顧一笑。

家瑾七十六年調任國防部福利總處處長歷練，按他的性格，生平最討厭和商人打交道，好的是他調任總處處長，只管政策方向大問題，可能是長官培養他更上層樓的途徑之一，他又向來主張分層負責，逐級授權，一切商業施爲、開標，都有成規可循，用不著他特別費心，家瑾是一個自信清廉的人，不該他拿的錢分文不取，雖然福利總處經手的經費很大，相信他有爲有守，絕不會自毀前程，所以他到福利總處服務，頗爲勝任愉快，只要嚴加考核，信任屬下辦事，必然會天下太平，所以他在福利總處服務期間，深獲上、下肯定，那是很自然的結果。

基於同學好友關係，我曾向他推荐二位好同學，一位是女青年大隊鄭副大隊長，她是女強人，與大隊長相處不睦請我幫忙調離，我與家瑾較熟，便推荐她到福利總處工作，家瑾在國防部也聞這位能幹的學妹，適逢處裡有中校出缺，調她到處任職，相處甚得。另外空軍學院政教組長謝上校，是編者與家瑾同期幹校同學，因限齡已到，佔少將缺而未升退伍，我向家瑾推荐到福利總處服務，他卻正式來函婉拒，他說目前無法安排謝學長這高階職缺，（原函附件）。可見他在福利總處任內，用人亦必照其基本原則，依法依規定辦理，並不分親疏。

我曾向鄭中校探詢家瑾在福利總處服務的表現，鄭中校明告：黃將軍不是一個會作生意的人，某些方面喪失了不少福利總處擴張版圖的機會，但他爲人正直無私，督導下屬嚴格，清廉自持的風格，令人肯定和敬仰。

民國七十七年家瑾奉調陸軍政戰部主任，他終於從陸軍基層一個少尉政工官，經過三十多年的艱苦磨練，痛苦煎熬中站起來，爬上了陸軍政戰首席的主任要職，個中滋味，恐非外人所能想像，長官、同學、好友們齊聲祝賀，使這個外表豪健爽朗、內心充滿柔情的鐵漢，也深自動容。

就在他上任前夕，在台北聯勤俱樂部有一項聚會，可說是將星雲集，金光閃閃，非常熱鬧，家瑾與編者都應邀參加，酒足飯飽之後，作鳥獸散，編者陪伴家瑾去找座車，邊走邊聊，編者也不免俗的向他祝賀，並予勸告：「家瑾啊！你這次調回陸軍總部，許多昔日長官忽然變成了部屬，你的湖南騾子脾氣，要收斂點，放低姿態，更能贏得大家的尊敬啊」…誰知家瑾聽我如此說，忽然停下腳步，緊握著我的雙手，無限感慨的說：「你小子竟跟郝總長和我說的一模一樣啊！」我只好陪上笑臉打趣的回話：「這叫作英雄所見呀！？」

依常理判斷，他這個久經磨練，挫折的人，這次回到陸軍高層，一定會更兢兢業業，推動全陸軍的政戰工作，基於長官愛護，自身使命，必然會全力以赴，「士爲知已死」這是中國傳統讀書人和士大夫的優良傳統，像家瑾這樣自幼獻身黨國的革命軍人，又受過復興崗革命大洪爐的洗禮，必能效法忠臣諸葛亮所說的爲　國家「鞠躬盡瘁，死而後已」的忠貞氣節，下面引述他一手提拔的精英部屬，在其逝世十周年追悼專文中眞心推崇的話，節錄一、二如下：

例如：

郝聖珂上校說：「嚴肅是主任給人的印象，明確果斷，迅速確實，外表不苟言笑的威嚴感是主任給人的感覺；但是在三五好友相聚之餘，看他談笑風生，笑顏逐開又覺得善與人處，可見主任是一位能把握不同場合，且公私分明的好長官。」

張長林上校：

我們夫妻是政校新聞系出身初出茅蘆之人，在成功服務期間，受到主任提拔照顧，平生難忘，望之儼然，是家公的形象，對待部屬關懷愛護無微不至。經常以毛筆批公文改我們撰的新聞稿，文彩飛揚，令人折服。主任思維周密，處事嚴謹領導的團體一片生氣勃勃。我們夫婦至今珍藏他當年生病時去探望他，他出院後以親筆字的謝函，如同至寶一般。

張際忠上校：「主任治軍嚴正唯才是用，凡事身體力行，無私無我，守正不阿，剛毅堅持自己的立場和治軍風格，對部下如嚴師嚴父，典型永存我們心中。」

蕭金城將軍：

家公嚴明，生活嚴謹，行爲戒慎，治軍嚴明，照顧提拔後進，不遺餘力，深受主任感召，後期發展稱順，曾於在生病中多次探望。並參加喪禮公祭，歡送老長官上五指山安葬。

王立民上校在悼文中提到：

半輩子追隨主任，能親身學習家公主任寬廣視野、明確果斷、認眞負責之工作態度，以及爲人處事清廉自持之操守不但家公主任一生奉行遵守，更經常對所屬同仁耳提面命，家公主任對國家部隊之認同感和責任感，實爲衆人之表率。

轉瞬間，家公主任逝世屆滿十年，軍旅生涯多次近身追隨，家公主任處理公務確實嚴厲，但奉公守法負責盡職及提攜後進之精神，至今仍爲部屬同仁們所肯定。

陳興國將軍：

在不瞭解家公之前，一般人會說他很兇，很不近情理；但是，在瞭解家公之後，你會覺得他不但不兇，還很講情理套一句俗話說，他是一位「刀子嘴，豆腐心」的好長官。

家公思維縝密，任事負責，敢作敢當；生活規律，勤儉樸實，少有應酬；除了工作之外，就是家，是一位既愛家，更愛國的典型軍人，且以此勗勉後進晚輩。家公退役後，也常關心我輩工作狀況，他適時適切的鼓勵，猶如暮鼓晨鐘，發人深省。

陳克難將軍：

推崇家公是「永遠的戰將」。

軍旅生涯中，曾追隨過許多長官，他們的教誨、提攜，讓我終生銘感；其中，嚴謹睿智的家公——黃家瑾中將，是對我軍職歷練的幕僚階段影響至深的師長。值此家公逝世十載的今年，謹以學生、部屬緬懷師長的心情，追憶家公點滴，以爲誌念。

應是長年於軍旅各層階級紮實歷練之故，家公見識深遠，經驗豐足，處理事情的冷靜與智慧，遠非我們一般人所能相比。平日對工作指導深入、要求嚴謹的家公，每令許多部屬望之儼然；然而，當部隊肇生重大事件時，家公除以政戰主管立場對總司令建言外，對幹部的指導，則是從容冷靜、有條不紊，甚至屢予安撫、打氣，並就總部權責協助提供必要支援。家公常提醒我們的是：盯部隊要盯在平時，臨到發生事情時，嚴詞斥責下屬非處理之道，當務之急在上位者要以經驗指導下級，提供一切可能支援，以協助穩住部隊士氣，防範餘波效應；這原本就是領導統御之道，可是要做到像家公這樣的修爲並不容易。

家公擔任軍職期間，日夜所思念者，是在爲軍隊打算，爲政戰打算，爲部屬打算；他對部屬的關愛，不是摸頭拍肩膀、噓寒問暖，而是嚴辭鞭策，淬煉成鋼。猶如鼓風爐旁的鐵匠，無分晝夜，把火紅的鐵片捺在砧板上，奮力敲擊，一下更重一下，鏗鏘有力，火星四射，絡至成器；那種為國效命，對肩頭使命堅定執著的精神，那種面對時代波濤，凜然無懼的勇氣，正是古語所云「士不可以不弘毅，任重而道遠」的寫照。

「哲人日已遠，典型在夙昔」，在我心目中，家公是永遠的戰將，他所建樹的制度、規範，代表的正是那個時期的政戰，雖然，在今天這個人治影響大於法治的時代，未見得都能一成不變的傳諸久遠，但是，許許多多家公所培育的幹部鼎力傳承他的志業，仍然為在大環境中蛻變的政戰，勉力維護住其精神，我相信，只要這樣的精神還在，政戰就還有生機，還能為軍隊、為國家繼續有所貢獻，願我政戰同仁勉乎哉！

民國七十八年家瑾榮晉中將，受到郝總長賞識而不次超序拔擢：七十九年十二月調國防部總政戰部副主任歷練，與編者好友呂夢顯空軍中將學長同任副主任。民國八十年七月即榮升警備總司令部中將副司令，家瑾於民國八十二年限齡退伍，退而不休，轉退除役官兵輔導會事業單位，南北奔波數年，晚年在南港汐止交界，編者所居山莊後面，買了一間袖珍別墅，希望退休後可以和老同學經常聚在一齊，吃茶聊天，好好享受一下晚年人生；只是他這低微願望無法實現，一場大病，奪走了他堅強的生命，殊令親友故舊垂淚不已。

第八章　挑戰生命　自強不息

家瑾自幼喜歡運動，在幼校愛上打籃球，身體健壯，頭腦靈活，精力充沛，是高標準的空軍飛行員體格，再益以個性爽朗，樂觀奮鬥，在千辛萬苦奮鬥中，雖經多次小病纏身，然並不影響他的身心健康，看上威武尊嚴，給人標準軍人，理應如此的威武印象。晚年黃、安、宋一家親，經常聚會、郊遊、會餐，孩子們都熱鬧的玩在一塊，我兒子和女兒一致認爲：像黃伯伯那樣才像個標準軍人，安伯伯和老爸倒像是教書的，事實上黃將軍強勢積極，安沉穩實在，我則外柔內剛，從外表上看，實有天壤之別。

民國五十七年春天，編者和內子翠華結婚，家瑾是男儐相；到民八十七年元互，我家大女兒友梅在空軍活動中心結婚，家瑾夫婦是介紹人，與主婚人陳燊齡上將同台致詞，講了很多祝福的話，安郁健夫婦也上了台，作爲男方主婚人，接著兒子自澳洲攜媳婦返台灣，復於一月十一日結婚，（他原希望與妹妹一齊辦喜事，因時間等候不及，延後十天）家瑾又當一次介紹人，他又與國防部副部長趙知遠上將，編者的長官、好朋友同登講台，他的祝賀詞引人發噱，他說「小宋是幾十年沒辦喜事，女嫁兒娶竟在一個月完成，令人羨慕不已云云」。他當時在台上談笑風生，毫無一點病容，誰又想到一個月之後，他發覺胃部嚴重不適，經榮總多次檢查，投藥無效，他只好直接去找榮總程院長，請給他用最新機器詳作檢查，竟發現患了胰臟癌，程院長認為事態嚴重，要家瑾馬上住院動手術切除，經多次復檢確定後，在開刀前夕，程院長問家瑾，家裡還有什麼人，告知兒子正在美國攻讀碩士，程院長立即要求，叫你兒子趕快回來，至此家瑾夫婦才知道這次病情嚴重，但堅定如恒，贊成馬上動手術救命。復經多方複檢驗證，決定於八十七年三月九日，請榮總內科蘇主任親自主持手術，院長和好友、家人等在手術室外，經過數小時手術，順利成功，在場的院長、護理、家人、好友均極感到興奮。家瑾在手術後住院療養期間，均有簡明日誌記事，（編者已請黃夫人將這期間家瑾治療詳情，特別是勇敢面對病魔的勇敢堅決表現，整理後已列入追思文之中）。曾接受家瑾提拔，晉升中將的陳克難將軍，跑到榮總病房中探視多次，在其追悼家瑾逝世十周年的專文中指出：

家公病重臨終時，我到榮總安寧病房探視，其時癌細胞已嚴重擴散侵蝕家公多重器官，即使施打嗎啡也無法減去遍身劇痛，看著我敬愛的老長官躺臥在病榻上，瘦削的身軀已不復當年英武，但堅毅如昔的他仍強忍疼痛，當我俯身擁抱他的時候，用從齒縫中強迸出的一絲力量，咬牙在我耳邊說：「快回去！不要耽誤工作！」我幾乎要掉下淚來，惶恐中趕忙回應我正在戰院進修，不會影響工作，家公才停止叨念。這正是家公一絲不苟的個性，即使病重至此，仍不願部屬因探視他而影響工作，而就更深層的意涵來說，那是對部屬的愛護。

家瑾手術後出院，回家療養，曾一一親筆寫信向榮總程院長、蘇主任、護理人員及前往探視的親友，致謝，足見其感恩圖報的堅強英雄形象，而且在長達一年的居家療養期間，生活照樣正常，且有多次與友人餐聚及參加高爾夫球敘的聚會，以及輔導會事業單位爲他安排的退休前出國旅遊，他們夫婦曾赴加拿大作短期長途旅遊，足見其堅強面對病魔搏鬥的堅強意志。至於黃夫人，深知家瑾病情之嚴重性，卻一直理智克制深情，眼淚向肚子裡吞，照樣照顧家瑾生活，陪同家瑾往返醫院復檢、化療，絲毫不露出一份悲情，怕引起家瑾不安，其堅強理智，更令親朋好友們一致敬佩。

我和翠華於八十七年十二月初，赴美探訪正在美國佛州大學攻讀碩士的幼女友蘭，家瑾夫婦的乾女兒，出發前到榮總去探視他，其時他正準備開始化療，他仍笑容滿面，和我們聊天，並囑付問候女兒。我們遊美近月，於八十八年元月初返國，再到榮總探視家瑾，他化療已近入第三巡迴，病情已極度惡化，人也消瘦下來，精神陷於萎靡，身體十分虛弱，勉強擠出一絲笑容與我談了幾句，我們夫婦恐怕他太累，只好匆匆離開，其時黃夫人仍然日夜守候，總希望能挽回他的老命；家瑾一生生活嚴謹，不煙少酒，爲什麼會得此不治怪病，大概早年我們這些熱血革命青年，爲救國救民，無私無我而忘我工作所產生不良的後果，所得到報償吧？如此的話，老天爺對我們這些苦命人，也太不公平了？！（編者年過七十，切全胃開心臟換血管差點送命。）

家瑾終於在八十八年三月十六日病逝榮總，享年六十八歲，四月十四日追悼會後，葬五指山國軍示範公墓，友蘭義女由美佛州匆忙回國奔喪，追悼會那天將星雲集，並獲頒總統旌忠狀，及黨國先進，覆蓋黨國旗殊榮，組織龐大的治喪會，辦理後事，當年追悼會出席者衆多。次日青年日報曾大幅報導追悼會盛況，以表彰黃家瑾將軍逝世殊榮云云。

附錄：

一、家瑾親筆謝函眞跡。

二、李登輝總統頒旌忠狀。

三、訃聞。

四、治喪會組織。

五、青年日報剪報。

台北榮民總醫院程院長請轉

一般內科蘇主任正熙大夫　賜鑒：

家瑾此次罹患壺腹癌經貴院診斷手術切除，幷蒙一般外科部蘇主任正熙大夫親自主刀，歷時十二小時，圓滿完成此一艱巨手術，恢復期間，蘇主任日夜探視，不斷垂詢，體察入微，此種視病若親，熱心照顧之精神，深受感動，尤以蘇主任醫術精良，妙手回春，更令家瑾與妻兒親友敬佩感德，唯感懷與敬仰之心，無以爲報，謹專函申謝，以表達內心眞摯感德與敬仰之忱。謹此　順頌

時安

病患退役中徐

黃家瑾敬啓三月廿七日

中正樓一〇一病房護理長：潘副護理長暨各位護士小姐惠鑒：

此次患病住院治療，感謝各位日夜不休細心照料，致使病情提早康復，此種視病若親，熱忱服務之南丁格爾精神，我等全家均極感激，無以表達此情於萬一，謹特專函申謝！

耑此　順祝

萬事如意

第七床病患暨家人

黃家瑾
張素玲敬啓三月廿七日
黃志浩

鑒：

月前罹病住院治療，辱蒙親臨探視慰勉與鼓厲支持，家瑾與妻兒均極感激，現已於三月二十七日出院，唯遵醫囑，仍須繼續療養，致未克一一親往拜謝，爲表寸衷，謹專函申謝。

耑此　順頌

時安

黃家瑾
張素玲仝敬啓三月二十七日
黃志浩

旌忠狀
茲有陸軍中將黃家運
總統 李登輝
行政院長 蕭萬長
中華民國八十八年三月十九日

先夫黃公諱家瑾府君慟於中華民國八十八年三月十六日下午五時十分病逝台北榮民總醫院距生於民國二十年九月二日享年六十八歲未亡人張素玲率孝男志浩義女宋友蘭隨侍在側當即移靈台北市辛亥路市立第二殯儀館親視含殮遵禮成服謹擇於民國八十八年四月十四日（星期三）假該館景仰廳上午八時卅分設奠家祭九時〇分公祭十時卅分大殮隨即發引安葬於台北縣汐止鎮五指山國軍公墓叨在

姻親戚友鄉寅

誼哀此訃

聞

未亡人 張素玲
孝　男 志浩
義　女 宋友蘭
胞　兄 佩薰 佩藩（均在大陸）
胞　姐 佩蘭 佩芝 佩薇（均在大陸）
胞　妹 佩蔭（在大陸）
姨　姐 張素貞
姨姐夫 江先元
內　弟 張蓀生 張國威
內弟媳 鄭蘭芝
姨　妹 張素琴 張素瑛
姨妹夫 邱紹仁 陳錦生
外　甥 江漢 江勵 張智爲 張智翔 邱德軒
外甥女 邱德佑（在美國） 江婷 張欣怡

族繁不及備載

故陸軍中將黃公家瑾先生治喪委員會

主任委員：汪多志

副主任委員：黃幸強　周仲南　程邦治　楊亭雲　陳廷寵　殷宗文　楊德智　曹文生　謝美惠

委員：（按姓氏筆劃）毛夢漪　田樹勳　呂夢顯　宋咸萃　周蓉生　范宰宇　韋家慶　唐雄飛　孫　森　孫福龍　馬家珍　高仲源　張立峰　張昭然　張海平　曹思齊　郭天佑　郭年昆　陳興國　湯元普　楊培基　萬德群　詹啓春　劉立貴

國旗覆旗官：宋川強　唐雄飛　韋家慶　張海平

黨旗覆旗委員：王　淼　孫　森　楊培基　熊德銓

總幹事：黃偉嵩

副總幹事：丁振東　鄧長富　張寶財

幹事：黃力勇　黃志偉　吳　迪　田本謙

喪居：台北縣汐止鎮東勢街201巷106弄49號　電話：（〇二）二六九一三〇七〇

連絡處：台北市仁愛路三段24巷1弄6號1樓　電話：（〇二）二七〇三九八九九

中華民國八十八年四月十五日 星期四

青年日報

李總統特頒「勳猷著績」輓額
黃家瑾喪禮備極哀榮

故陸軍中將黃家瑾公祭昨日舉行，由財團法人國軍暨家屬扶助基金會董事長汪多志主祭，並率覆旗官上香、獻花、獻酒。（記者陳正興攝）

記者張原萱／台北報導

故陸軍中將黃家瑾公祭，昨日上午九時在台北市立第二殯儀館景仰廳舉行，由財團法人國軍暨家屬扶助基金會董事長汪多志主祭，李總統登輝先生特頒「勳猷著績」輓額，場面備極哀榮。

昨日公祭典禮在汪多志率覆旗官上香、獻花、獻酒後，由王淼、孫森、楊培基、熊德銓等覆旗委員覆蓋國民黨旗，宋川強、唐雄飛、韋家慶、張海平等覆旗官覆蓋國旗，包括行政院國軍退除役官兵輔導委員會、國防總部總政戰部、陸軍總部、聯勤總部、軍管部暨海岸巡防司令部、政戰學校等單位代表千餘人，隨後輪流上香致祭，公祭後，即發引五指山國軍示範公墓安葬。

黃家瑾中將享年六十八歲，湖南湘陰人，其父出身軍旅，曾參與東征、北伐及抗戰諸役，黃中將於民國三十五年承繼父志，投考空軍幼年班，三十八年隨軍來台，三十九年保送空軍官校三十五期學習飛行，四十二年奉准轉入政工幹校第三期本科班。

民國四十四年自政工幹校畢業後，先後歷任各級政戰職務，並完成政校初、高級班、外語學校留美儲訓班及陸軍指參學院學業，民國六十三年晉任上校後，即擔任重要政戰主管，民國七十三年晉升少將，調任成功嶺訓練中心政戰主任，其後歷任國防部總政戰部第一處處長、陸軍第六軍團政戰主任、福利總處總處長，七十七年調升陸軍總部政戰主任，並於翌年晉升陸軍中將，八十年調升國防部總政戰部副主任，旋又調任警備總部副總司令，八十二年二月榮退，轉任退輔會事業單位。

卷三

黃家瑾將軍逝世十週年追思文輯

追思紀念文輯

篇目：

家瑾走的堅強勇敢

夫人　張素玲

家瑾從八十九年元月份開始即感覺到胃不舒服，買了表飛鳴吃，仍然不適，我告訴他不要亂吃成藥到榮總腸胃科檢查，初步檢查醫生開了一些常用的胃藥，吃了效果不如理想，八十七年二月二日掛號到榮總做超音波檢查，一星期後檢查報告似乎有了問題，進一步於二月十一日做斷層掃描檢查結果告之必須做進一步檢查，此時感覺不安似乎有了麻煩。八十七年二月十六日再次就診核磁共振，二天後做膽管攝影，當天檢查痛苦異常，回到家氣色非常不好，經過一下午的休息，晚上出席部屬升官的聯合喜宴，席間雖然不能喝酒，但是心情卻非常的開心，因爲部屬能夠升將官，讓他感覺於有榮焉席中氣氛熱烈開心不已。

八十七年三月二日榮總院長親自告之壞消息，確定是胰臟出了問題必須住院，當天回到家裡，家瑾看著我說，這輩子很少生病住院，誰知道要住院了卻是這麼嚴重的大病。說實話我自己的確是非常的震驚不知如何是好。只能安慰的說聽醫院的安排先住院再說。當天也打了電話通知浩兒爸爸要住院的壞消息。

八十七年三月三日帶了一些衣物及必須用品住進了榮總，一連串密集的檢查，包括各科的會診完已是晚上的時間了，我陪伴著家瑾住院，他握著我的手說「媽咪」要辛苦妳了，其實我心內的激動、害怕、惶恐、不知所措，但只能強打精神，努力振作安慰他，手術過後就會沒事，不敢告訴他病情眞正的嚴重性，因爲蘇正熙主治醫生已做了詳細的幻燈簡報，即使手術成功也只有百分之五的存活率，而家瑾腫瘤的位置的確是麻煩的部位，但是也只能相信現代科技的醫術，決定於手術單上簽名，希望能有奇蹟出現。

八十七年三月七日浩兒由美返台，直奔醫院，與浩兒相互擁抱，眼淚不由自主的流下，不敢當著家瑾的面訴說病情，只能偷偷告訴浩兒要有心理準備，情況非常的不樂觀。家瑾的個性含蓄而內斂，一直以來他都是以強人之姿，保護著他的妻兒，此刻他仍然武裝著自己，不露些許軟弱的痕跡，望著他依然英挺的面容，那份心疼，像一塊沉重的石頭壓著自己，無法承受那錐心之痛，爲了讓他安心接受手術，只能痛苦在心裡。病房中希望他能好好休息，但看著他的眼神，我知道他其實是在擔心我，只能相互凝望，不知如何相互安慰。一夜無眠，三月八日早上浩兒陪伴在旁，看著他們父子倆握著手，心裡很難受，那雙大手曾經牽著小手一路走來，日後還有多少時間可以那樣互動呢？不敢想、不願想、又不能不想，多麼希望那是上天開了一個錯誤的玩笑。家瑾是一個生活規律，運動有節的模範生，居然得了不治之症，想起他曾經說我「晚上不睡覺，早上不起床」，身體會出毛病，沒想到先出問題居然是他，實在是太意料之外了。有了浩兒陪伴身邊，似乎心理上有了依靠，望著他們父子倆相似的臉龐，心中有一種莫名的心酸，不知我們甜蜜的家庭城堡，是否會少了一位重量級堡主？只能祈求上帝，但願手術成功，出現奇蹟。

八十七年三月九日早上八點，今天是一個非比尋常的日子，家中的親朋好友，來了多人，當家瑾的病床推出要進手術房時，大家都給予最大的鼓勵，祝福與擁抱，我及浩兒也給了爸爸親親，希望他勇敢，當病床進入了手術室，關門後，那份忐忑不安油然開始，望著手術室外的跑馬燈「手術中」不停的跑，我的心也跟著不停的絞痛，那種等候，彷彿是在等待命運的宣判，空氣是凝結的，時間是漫長的，不停的看著錶，一分一秒都是那麼的難熬，走也不是，坐也不是，此刻才明瞭「坐立難安」那句話的含義。到了中午吃飯時間，指示燈仍是「手術中」。浩兒、我及親友們輪流吃午飯，但食不下嚥，勉強吃了一些食物，繼續那似乎無止儘的等待，到了晚上八點多鐘送到了恢復室，我與浩兒進入了恢復室中，望著虛弱的家瑾，緊握著他的手，告訴他手術很成功，此時醫生問一些話就讓我們家屬把病人推回病房，我與浩兒推著病床，長長的走廊似乎走了好久，到了病房護士安置妥當，叮囑病人休息，親友們也陸續離開醫院，也許是麻藥尚未完全消退，家瑾睡意甚濃，一晚上只有護士進出觀察，及換點滴，我睡在陪伴床休息，聽著家瑾沉沉的呼吸聲，好希望他能夜夜都有好眠不受病痛的折磨。接下來二個星期一直住院、換藥，醫療期間偶有發燒不適，在主治醫師的給藥治療下，漸有恢復，因爲不能進食只有點滴補充體力，換藥時傷口的疼痛，也令人難安。一個星期後家瑾開刀的消息傳出，親友們、長官、部屬們，陸續的來到醫院探望，家瑾都樂觀面對，充滿希望。

三月廿七日終於可以出院返家療養，回到了溫暖的家我們靜靜相擁，沒有多餘的言語，只有彼此溫暖的懷抱互相激勵，從住院開刀，到出院的二個星期對家瑾來說，卻是一趟人生痛苦與辛酸的路程，稍事休息，二天後家瑾親筆寫了數封感謝函，感謝主治大夫蘇正熙及護理人員，以及來探訪的長官、親朋好友，病體虛弱的他，思慮仍然細心懷著感恩的心表達他對大家的謝意。

三月三十一日因爲需要放射治療，當天到榮總做檢查定位，準備四月開始放射治療。

浩兒從美國回來，從爸爸開刀到出院，整整一個月的時間，雖然言談之間不刻意提及病情的嚴重性，但私下我與浩兒的震撼是不可言喻的沉重，爲了不增加家瑾的心理負擔，只能告訴他，放射治療是預防性的治療，其實那是必須的病理治療，而且效果也不是那麼的絕對有效。

八十七年四月六日浩兒請假期滿返美，出門時與爸爸相擁，父子親情令人感觸難忍，心理難受的想，好不容易從軍中退伍，可以享受兒子成長立業，家庭和樂之趣時，卻發生如此重大的變故，「子欲養而親不在」的陰氣如泰山罩頂當頭而下。不知所措，家瑾的重病，浩兒的離開，我的內心總是充滿了慌亂與不安，但是又不能讓家瑾擔心，苦在心裡，強顏歡笑，有口難言。

八十七年四月七日放射治療開始，一星期一次必須做五次的放射治療，八十七年五月十六日放射治療結束。

家瑾於放射治療後回欣泰公司上班，望著他消瘦的身影，心中充滿了疼惜，不知道是逃避或是懼怕，家瑾不與我面對討論病情或日後的安排，也許是怕我承受不了失去他的痛苦，也或許是他不願意輕易流露傷感與軟弱，大概我們都期待著奇蹟出現，不想打破那美好的幻想，但隨著那身體不適的現象，斷斷續續的出現，情況似乎愈來愈不樂觀。

八十七年九月初，手術過後整整半年，期間體重稍有增加日子在他正常上班的當中一天天的過著，但感覺到他的心情是非常沮喪的，八十七年十月是家瑾從欣泰退休的時間，二度退休，親筆寫了退休感謝函寄給長官、好友們謝謝他們在此期間的關注。

退休前公司安排了加拿大八日遊，九月廿二日出發，出發前，心理有點不安，不知家瑾的身體狀況能否承受舟車之苦，但是在放鬆心情的考量下，仍然決定參加，因爲我知道這也許是我們夫妻最後一次共同出遊的機會，也是最後一次共遊的回憶，又怎能輕易放棄呢？何況家瑾堅持出遊，幸好一路上安然無恙，只有有疲累的感覺。八天的旅程中，加拿大的美景無心欣賞，只是享受二人共同擁有時間與互動，也留下了好多珍貴的照片，但心裡卻是希望他能健健康康，陪我出遊到更多的地方，享受遊山玩水的樂趣，是奢望？還是絕望？二種情緒在旅程中不停的起伏，短暫的歡樂，在心緒不寧中結束了。

八十七年十月一日家瑾從欣泰公司二度退休，家瑾在桌曆上記載從本日開始回家、養老、陪老婆。在軍中及職場上幾十年的日子，到了退休「養老」卻是「養病」，老天對他是如此的不公平，心中吶喊，還我一個健康的老公，還兒子一個健康的爸爸，但老天爺聽到了嗎？

退休後沒了駕駛，到榮總門診家瑾堅持自己開車，爲了不讓他覺得自己病人，答應他開，接下來幾乎每個禮拜到榮總門診治療，到了十二月初家瑾發現腋下出現腫塊，就診後告知是病灶轉移，人也開始出現不舒服，偶有發燒的狀況，此時不讓他開車，自己開，往返於醫院與家中兩頭跑，情況似乎都沒有好轉，身體也愈見削瘦，十二月中通知再度住院，必須做化療，此時通知浩兒回國，因爲爸爸的狀況很糟，做化療是最不希望出現的治療，因爲後遺症是明顯的讓病人更加的不舒服，但爲了能有好轉機會也只能同意這種療法，當化療第一針就出現發燒不適的狀況，住了十天才出院，浩兒也陪伴著爸爸，一個星期的假就在醫院中渡過，其間有許多部屬、朋友、親友探視，家瑾都強打精神應對，絲毫不露病體折磨的痛楚。

第一次化療出院返家，浩兒假期結束返美，八十七年就此結束，在此年從三月份開刀的震撼歷經一連串的治療，日子過的似乎特別難熬，尤其是家瑾不舒服住院少則一星期多則十多天，在醫療中的痛苦，他都堅強忍住不叫一聲痛那需要多大的耐力來承受，或許是革命軍人的勇氣讓他咬牙撐住，但看在我們母子眼裡更加深了我們對他的疼惜，希望那些治療能讓他的病情更有起色才好，但化療的反應如此強烈眞不知是否該繼續做下去…。

八十八年又是一年新的開始，對我來說過去的一年似乎是惡夢連連，常常處在惡夢追逐的日子中無法逃離，晚上失眠無法入睡，即使入眠，也是半睡半醒，住院時陪伴於病榻旁，醫生、護士進進出出，加上情緒上、心情上的低落、食不下嚥，親友們都說我瘦了很多，但是我告訴他們我很好，因爲我還要給家瑾最好的陪伴與安慰，我怎能倒下去呢？家瑾是如此的依戀我，病榻中不停的叫著「媽咪」我只能廿四小時守著他，即使我不能分擔他身體的病痛，但願我能分擔他內心的苦痛，雖然他嘴裏不說，但他握著我的手不放，眼神始終跟著我轉，我了解這種陪伴是他需要的，也是支撐他、安慰他的力量，我只能偷偷掉眼淚，多麼希望他能敞開那顆隱敝脆弱的一面，好好的痛哭一場，只是他不承認自己病入膏肓的病情，認爲自己可以痊癒出院回家，我又怎能忍心點醒他呢？

化療是一種令病人難以承受的療法，陸陸續續住院、出院，整個過程中，忙亂痛苦的過著；再次的化療、再次的虛弱、疲憊、削瘦、食不下嚥、發燒、腹水，等症狀總是讓他痛苦萬分，讓我心痛難忍，八十八年農曆年前，注射化療第六針，此時家瑾必須使用止痛劑才能睡眠，即使如此堅強的他仍然勇敢的支撐著，不輕易喊痛，只是默默的承受著那要命的疼痛。除夕前出院返家過年，這是家瑾最後一次在家過年，終於聽到他談身後的問題，「一切從簡，希望能穿著軍服走完人生」。雖然回到家，卻是處在半清醒的狀態中，勉強的到了年初四早上緊急由救護車護送榮總住院，二個星期後正是開刀一週年的日子，半昏迷中瀕喊「媽咪」，望著他陷入瀰留的清況下，仍然心繫著他心愛的妻子，身爲人妻的我，卻是愛莫能助，緊握著他的手，希望他能感受到我對他的深情，三月十四日午夜停止喊叫「媽咪」，呼吸急促，完全不清醒，停止進食，看著床邊的機器顯示，脈膊、血壓不停的下降，我的心情也跌落到了谷底，三月十六日農曆正月廿九日我親愛的家瑾，走到了他人生的終點站，病逝於榮總時間是當天下午五點廿十三分，面容安祥，彷彿於沉睡中，我慶幸他擺脫了病體的痛楚，但也從此失去了摯愛的伴侶，那個疼我、愛我、寵我的家瑾他讓我的人生得以圓滿、幸福，就在他離開人世的那一刻起，我的人生從此出現了無法再圓的缺口。失落、絕望，從醫院回到缺了男主人的家中，終於崩潰大哭不已，浩兒與我相擁哭泣，聽著浩兒的安慰與扶持，我慶幸家瑾給了我最珍貴的寶貝，從小，他因爲常年在外，總是叮嚀浩兒要照顧媽咪，保護媽咪，家瑾對我的用心，總是落實於生活中，他的深情，將永留我心，永難忘懷。

家瑾的後事，在茫然中幸好有長官、部屬、親朋好友的協助，順利的、莊嚴的完成，也是一個備極哀榮的結束。家瑾的努力，獲得肯定，值得慶幸與感恩，素玲的生命雖有缺口，回憶卻是美好的。

感念父親逝世十週年

兒黃志浩

前言

小時候爸爸在我的心目中，是一棵茁壯的大樹，我在他的樹蔭下，平安快樂的一路成長，從矇懂的兒時，到青澀的年少，他總是諄諄善誘的教導我，不曾嚴苛，我在他的身教、言教中不斷的成長，也完成了各階段的學業，當我考取政大企管系。爸爸是那麼驕傲的以我爲榮，宴請親朋好友，分享他的榮耀，那時的快樂的情景，如今仍然歷歷在目，無法忘懷。

長大成人的我與爸爸像朋友般無話不談，也從爸爸那兒學會了許多做人、做事的道理，四年大學畢業後，考取預官，沒有辜負他對我的期許。服役期滿後順利考取了美國華盛頓喬治城大學，攻讀碩士。因爲有爸爸的資助，讓我能專心的讀書，二年後拿到碩士學位。爸爸媽媽赴美參加我的畢業典禮，再一次我從他們眼神中感覺到快樂與驕傲，也讓我覺得那是我能回報給他們最大的滿足與喜悅。畢業典禮後，我帶著他們暢遊美東的一些美景，當時的感覺是自己長大成人可以帶父母旅遊，也回憶起小時候，父母帶我出遊的情景，那種物換星移，時光交錯的感覺，如今仍然是那麼的深刻難忘，在旅遊期間，感受到爸爸的疲累，卻未警覺那是病兆的開始，爸媽返台後，我留在美國就業，一切都那麼美好而順利，卻在一年後得知爸爸身體出狀況，經過詳細的檢查，證實得了嚴重的胰臟癌，歷經一整年的治療、住院、化療，爸爸堅強的意志，終究不敵病魔的糾纏，捨下我與媽咪而去，至今始終無法接受爸爸離我們而逝的事實，每當午夜夢迴時，總覺得那棵大樹依然堅毅、挺立，還是穩穩站立著不曾倒下。當我長得跟他一樣高大的時候，當我可以回饋他的時候，那棵老樹卻倒了下去，留給我的，只是無儘的追思與懷念。

兒時回憶

模糊的兒時記憶中，爸爸總是不常在家，那時住中壢，我開始讀幼稚園，爸爸從東引休假回來，不是半夜，就是清晨，睡眼迷濛中，看到穿綠色軍服的爸爸，他開心的抱著我、親著我，接下來的休假日，就是快樂的開始，爸爸媽媽，帶著我回婆婆家與親友歡聚，或出遊、買玩具、吃冰淇淋…等。兒時我總是盼望著爸爸休假日，那是我們全家最快樂的時光，也是我與媽咪期盼的日子，歡樂的假日，過的總是特別快，等爸爸結束假期返回部隊，那份依依不捨，隨著他的吉普車而離去，我跟媽咪只能難過著等待三個月後的休假日到來。

成長過程

從我讀小學開始，爸爸不是在外島就是、中部、南部各地輪調中歷練。所以他總是告訴我，他不在家，我是家中的男生，要我好好的保護媽咪，這種叮嚀一直從他的口中傳達給我直到高中、大學。也讓我知道他對媽咪的愛是多麼的深厚，他希望他不在家的時候，媽咪是有依靠而不是無助的，然而他的軍旅生涯，無法讓他全心照顧我們母子，這是他此生的遺憾，而我在爸爸南征北調的日子中，依然感受到他處處照顧我，教導我的回憶，例如教會我騎腳車，初中暑假時在成功嶺學會游泳，學會下棋…在學習的過程中，爸爸沒有缺席，我也在這些教導中，逐漸成長獨立，但是子欲養而親不在的事實，卻是重重的打擊了我，眞是難以承受之重。

病中歷程

爸爸八十八年三月九日開刀，期間數度由美返台陪伴，短短的一年中，眼看著他強壯的身體日見衰弱，那份心痛、無助，不知從何幫起，只能無言陪伴於側，多麼希望那些痛楚，是我能替代的，在病中，他未曾交待任何後事，我想在他堅強的意念中，始終以爲自己可以打倒病魔，恢復健康，像棵強壯的大樹，繼續護蔭著他的嬌妻與愛兒，然而爸爸終究離去，我將遵守他從小對我的叮嚀，保護我的媽咪，相信爸爸在天之靈，會放下那顆掛念的心。

後記

在此特別感謝爸爸生病住院時，照顧過爸爸的親朋好友、及爸爸的軍中同僚、部屬，有了你們熱忱的幫助，爸爸的後事才能順利、莊嚴、圓滿的完成。

爸爸離開整整十年，似短促、又漫長，只有無儘的思念，永懷於心。

浩兒感念。

乾爹打勝人生最後光輝聖戰

義女　宋友蘭

最後一次看到乾爹，是在我出國唸書前。那時候乾爹已經完成手術回家靜養，並等待之後的化療安排。手術是成功的，但是乾爹整個人消瘦很多，雖然強打著精神，但是體力明顯不如從前，有著不尋常的虛弱。

這完全不是我印象中的乾爹。乾爹一向硬朗，幾乎沒生過什麼病。高大挺拔，腰桿子總是挺著直直的，不論穿什麼衣服，都是標準的，一派軍人的模樣。我總是還沒踏進門，就聽見他喊我丫頭的宏亮聲音，還來不及回話，乾爹就裂著嘴，笑嘻嘻地給我一個紮實的擁抱。熱情的天性，爽朗的個性，永遠的精神奕奕，中氣十足，這才是我的乾爹。

投身陸軍軍旅生涯一輩子，乾爹有著嚴肅的外表，威而不怒是我能想到對他最貼切的形容。與生俱來的威嚴，對於自己有高標準的要求，自然流露的威信，魅力渾然生成。這樣的乾爹，卻有顆溫柔的心。他總是說，有一天要跟我的父親，一人一邊，牽著我的手走過紅毯，將我交付給人生的另一半。我仍然記著他說著時的神情，是那樣的驕傲與期盼，不經意流露的情感，在他剛毅黝黑的臉上，刻劃出另一道我記憶裏的線條。多年前我母親換心期間，乾爹乾媽經常到醫院去探望，乾爹總是以輕鬆的口吻給我們打氣，幽默的笑語中，關懷的深情不言而喻。那一年的年夜飯，父親與我在醫院的家屬休息室裏，吃著乾爹乾媽特別送來熱騰騰的餃子與小菜，冷清灰暗的病房也不再那麼令人難以忍受了。

送走乾爹的那天，看到幾乎認不出他來的模樣，我忍不住地痛哭起來。兇惡的癌症徹底摧毀人的軀體，這般血淋淋地直接。這樣一個突如而來的猛獸，完全不給人應戰的準備，許多再堅強的人，都只能節節落敗。但是即使是面對惡名昭彰的胰臟癌，乾爹卻一直有著打場硬戰的堅決。手術與化療的痛楚，對抗病魔的恐懼，癌症擴散後的極度疼痛，他卻一直樂觀面對，勇敢對抗，自始至終沒喊過一句痛。不曾怨天尤人，總是打起精神鼓勵大家，堅持到最後一口氣都不曾放棄。

生與死的拔河是殘忍的，乾爹的身軀雖然沒有撐過去，但他奮戰的精神，卻是無與倫比的勇敢。這不是一場只論輸贏的生死戰，而是堅強意志的最終奮戰。縱然有再多的不，我也驕傲地知道，我的乾爹，一位最像軍人的軍人，連生病，都打了一場最光輝的戰。

今年是乾爹逝世的第十年，當年獨自由海外回國奔喪的我，今年帶著新生的女兒，一起上五指山去探望乾爹。多麼希望乾爹能看到一個新生命的成長，多麼希望女兒有機會能認識她的乾爺爺，一個偎在另一個的懷裏，兩個人一起開心地哈哈大笑。

紙短情長不盡欲言

大姐　黃家玲

素玲弟妹如晤：三月十六日來電，驚悉八弟病逝，悲痛萬分，當即電報悼唁，原擬即時寫信慰問，因心絞痛頻繁，精神萎靡，無力提筆，故延至今日深感不安，唉！人生長短似有定數，也是無可奈何的事，死者已矣，生者只好節哀順變保重身體以慰死者在天之靈，何況你還有高堂老母，須要照顧。

八弟一生事業有成，得力於弟妹賢內助不少，浩侄前程遠大，亦可引以爲慰。

八弟隻身異地與親人睽隔幾十年，幸爲弟妹關心見報取得聯系，使我姐弟團聚一月有餘，也是弟妹相助之力，我們兄姐，感淚難忘，紙短情長不盡欲言祝你

身體健康　並向

伯母請安　大姐　黃家玲于 199-.4.18

你永遠活在我們心底深處

姨姐　張素貞

你時在我們思念中

要寫出對你的懷念，是何等爲難又傷感的情懷。從知道要出專輯來紀念你逝世十周年的那一刻起，思緒翻湧，失去摯愛家人的那份痛又被掀了開來。

平日裡沒有你的身影笑語，我們只當你在外地工作忙沒空回家，那也是你多年來的工作型態我們都很習慣，完全沒有你不在身邊的感覺；只是每逢清明、過節、過年時，你已離開我們的殘酷事實又不容否認，那份遺憾縈繞心頭久久不能散去不禁令人長嘆。

我還記得第一次見到你是素玲帶你到我家來，看到你穿著畢挺的陸軍軍服我第一個念頭不是我該幫妹妹好好觀察這個如何？反而是莞爾一笑的認了（人、千萬不要鐵齒）這句話；想當年我曾說過決不嫁給四川人，沒想到老天牽給我的紅線的另一端就是個四川人，素玲也曾說過他不要嫁給軍人，特別是東調西調長年不在家的陸軍，當身著軍裝的你出現在我面前時我知道就是你，黃家瑾　我的妹夫。

你和姊夫都是獨自一個人在台灣奮鬥，結婚以後你們不僅有了自己的家，還多了一個娘家和親人，爸媽對你們除了疼愛、照顧之外更多了一份依賴，家裡大大小小的事都要和你們兩個商量著辦，我們常說你們兩個人是家裡的大柱子，你記得嗎？這些年來家裡少了你這根大柱子的確冷清了不少，特別是你江哥，沒有你陪伴聊天、喝酒的那份寂寞溢於言表；相同的成長背景使得你們之間多了一份難以言語的默契，好懷念我們全家聚在一起時你倆有說有笑的模樣。

生是偶然、死是必然是大自然的定律，人生有聚有散則是沒有一定的常規可循，我很慶幸當我們相聚時大家都珍惜當下、愉快相處。江哥欣賞你工作認眞、待人眞切熱誠，你的這些特質證實你一生堅持的原則是成功的。

曾經的歡笑、快樂的旅遊、幸福的家庭生活，感謝上天讓我們擁有共同美好的記憶，雖然在人生的旅途上很遺憾你先脫隊離開，我要告訴你我和江哥都以有你這個妹夫爲榮。

我印象最深的一句話就是你倆常說的：「不是我們娶你們兩姊妹，是我們嫁入這個家」，這是句多麼感心的話，你們愛烏及屋對這個大家庭投入的愛連外人都感覺的出來，我的一位好朋友曾經用非常羨慕的口吻對我說過：「你們家給人的感覺是好親密、好和樂、好自在，是怎樣啊！好咖都在你家嗎？」；足堪告慰的是你們立下的典範後繼有人接棒，言教不如身教的功效在我們家有如漣漪般的擴散，謝謝你做的好榜樣。

掃墓通常是令人心傷的，爸爸過世後的頭幾年的確如此；慢慢的我們轉化成與爸爸在墓地相聚，雖然天人永隔，懷念代替了悲傷、追憶的笑話替代了哭泣的眼淚，大家齊心協力整理墓園，寫到這裡腦海中浮現的畫面是你和江哥帶著男生做粗重清除雜草的工作，你們身強體壯、渾汗如雨、成效立見，我們這些婦孺們則備好香燭祭品，一家人和樂融融的祭拜爸爸，相信爸爸在天之靈見到家人如此親愛扶持一定是笑著與我們同在。

往事歷歷在目，只是人事已非、今非昨昔；媽媽體貼大家年歲漸增、體力大不如從前，將爸爸自墓地請出遷到台北慈恩園靈骨塔，免除大家奔波勞動之苦。全家共同打掃墓園的景象也就此深鎖記憶裡。

爲國家辛苦奉獻了一輩子，不脫軍人本色的你長眠於五指山軍人公墓，自你離開人世後掃墓時節倍增感傷，沒有年年到墓地去看你一來是不願面對沒有你的遺憾，再則是我知道你不會在意任何形式的祭拜，因爲你長在我們心靈深處未曾離開。

深情熱愛妻兒的姐夫

姨妹　張素瑛

記憶中那是一個炙熱的下午，在眷村住家的後院，陽光灑滿他整個身影，讓人一眼看去有點暈眩，四目相望的刹那他露出了笑容，然而印像深刻的卻是他挺直的身軀和炯炯的眼神。那是第一次見到黃哥哥，當時我還是個小學生。

三、四十年前的眷村生活簡單清苦，環境殘破且落後，物質條件也很缺乏，比較幸運的是我排行最小，除了哥哥姊姊的呵護，兩位姊夫對我也是疼愛有加，完全沒有姻親的距離感。不論對爸媽的奉養、對弟妹的照顧、甚至家中一些重大開銷，兩位姊夫從來不曾打過回票。與其說是融為一家人，不如說兩位姊夫一開始就視我們為家人了。由於感情上兩位姊夫已經如同親生手足，因此一直以來我不曾喊過姊夫，而是習慣直呼江哥哥、黃哥哥。

高中時期有很長一段時間住在二姊家，那是黃哥哥駐守東引，因為久久才能休假回家，所以每隔三、四天信箱就有一封夾帶著情書的家書。家書的前半段總是殷殷叮嚀他的寶貝浩兒，要聽媽媽、小阿姨的話，也不忘提醒浩兒是家中唯一的男生，要注意生活起居的安全。

現在回想起來，黃哥哥是以男人的方式在教育浩兒吧！雖然當時浩兒才小學一年級。通常家書的後半段我是不看的，因為那是黃哥哥想要傳遞愛意給一個特定的、心愛的人。總而言之，他對家庭的專注及用心、他對浩兒的期許及教導、他對二姊的體貼及深情，曾經我夢幻般的少女時期，對成為軍人的另一半有股浪漫的幻想及情懷。

對一個離鄉背井的流亡學生來說，幾十年的軍旅生涯一直到屆齡榮退，從一個學生到官拜中將，這一段的生命歷程有太多我不知道也無法體會的辛酸過程。黃哥哥的優、黃哥哥的好，絕對不是一篇短文就能道盡，不論對國家社會的奉獻、對家庭妻小的愛護、對父母弟妹的照顧，較之於旁人他只有過之而無不及。我想在他的一生中，唯一沒有盡責做好的事情，大概就沒能照顧好自己的健康吧！

病魔的纏身讓他痛楚難忍，印象中卻沒有聽他哼過一聲，或許是性格使然、或許是怕二姊擔心、又或許是固守軍人的尊嚴，他總是蹙著眉強忍著。黃哥哥和我最後一次的體己話是在醫院他的病榻前，第一次聽到他哽咽的聲音不是喊疼、不是喊痛，而是茫然無助的說：以後妳二姊一個人怎麼辦？當時我只是輕描淡寫的說：浩兒是你給二姊最好、最棒禮物，現在你只要讓自己感覺舒服就好。其實我是忍住了對他的心疼，因為面對生命即將結束，心中卻只掛念著二姊的黃哥哥，做為一個小姨妹，我真的不知道還有什麼話、什麼事可以真正的撫慰他。

十年了！你離開我們十年了。有股好強烈、好奇特的感覺，我只是覺得好久沒有看到你，完全沒有離別的感傷，是不是在我們的心中親如家人的你根本不曾離開過，我們只是很久很久很久沒有見面了。

家公永遠活在我心中

蔣金城（政20政治系）

民國八十八年三月十六日，家公因積勞成疾而辭世，這天是我們這群跟隨家公已久的老部屬，最感傷與最難忘懷的日子，時隔十年了，憶及家公仍感萬般的不捨與思念。

個人與家公本無淵源，民國七十一年下半年個人於政戰學校研究班畢業，奉令由成功嶺一〇四師改分配至成訓中心政戰官後始有幸追隨家公。

家公榮陞少將後於民國七十二年調任國防部總政戰部第一處處長，個人再度受家公提拔，於七十三年五月一日調任該處，能繼續親近家公學習歷練。短短兩年間由師級參謀到國防部高司參謀，個人與家人皆視爲畢身之榮耀，特藉追思感念家公及夫人張素玲女士之關照。

家公一生才智英明、學養豐富、任事忠勤、行爲戒慎、行事嚴謹、治軍嚴明，且照顧後進不遺餘力。民國八十年之後，個人雖因職務關係未能再追隨家公，惟始終以家公之訓勉、言行爲典範，其後個人能得幸晉昇將級，固然係軍旅中長官之愛與提攜，而家公之潛移默化同爲重要之關鍵。

家公住院期間妻佩聰前往探視，言及幼兒耀霆聰穎可愛，家公特別提到若有機會要見見耀霆，然因幼兒當時年僅五歲，長住中壢由岳父、岳母照顧，俟家公辭世仍未謀面，每思及此深感遺憾。

猶記得「家公辭世公祭當天，我們陪同家公夫人在五指山上恭送家公最後一程」的那一幕，轉瞬間卻逾十個年頭了；幼兒耀霆暑假過後已是高中二年級的學生，而且身高超過一八〇，模樣與成人無異。

韶光匆促，由幻兒成長期觀之，家公離開大家的日子不算短了。但吾人對家公的音容、笑貌、行止仍懷念有加，家公不僅是我心中最敬愛的師長，同時他的行誼將永爲後期學弟所效猷；家公永遠活在大家的心中，我們永難忘懷、也永遠感恩。

感恩與懷念

鄧長富

我和家公認識的很晚，第一次聽家公的名字是在民國七十一年，我接到命令到成功嶺擔任旅處長，我一些在陸軍的朋友提醒我：「你要小心些，成功嶺主任黃家瑾很兇」，聽完後也沒在意，心想我只要把事情做好，你再兇也要講理吧。

我那時在總政戰部二處負責莒光日電視教學的業務，每星期都有製作和播出的壓力，沒辦好交接，節目開天窗是不得了的大事。而成功嶺大專生集訓正準備開訓，希望我儘快報到。有天接到電話通知，要我先去報到，再回來交接。誰知到成功嶺報到後，師主任胡先生帶我見家公，劈頭就是一頓罵：「別以爲在國防部服務就了不起，你今天不來報到，我就給你一個過。」這是第一次見識了家公的兇悍，也從此開始了十餘年和家公亦師亦友的關係。

跟隨家公的日子裡，從他那學習了很多，家公不是只有兇，他是標準的刀子嘴、豆腐心，嚴肅而正直，律己甚嚴，心思細密，思緒周嚴，有擔當、有魄力，他常講，可以批評他脾氣壞，可以說他能力差，但在品德操守上絕不容他人質疑，這對我的影響很大，我也一直奉爲圭臬。我退伍後到了電視公司擔任節目及業務部經理，以及華視文化公司總經理，均以此自律，受益良多。

除了在工作上受家公指導、照顧甚多外。我與內人交往期間亦蒙家公及素玲姐的關心，多次約內人餐敘，讓她了解軍人的工作生活，也給多開導及觀念的溝通，才使我們的交往修成了正果，至今與內人時常感念家公及素玲姐的關愛。倏忽，家公辭世將屆十載，撫今追昔不勝唏嘘，尤在軍人形象受社會質疑之祭，更感懷家公領導統御，負責精神、工作效率、自律嚴謹，受人敬重的風格，哲人日已遠，典型在夙昔，永遠感謝與懷念家公。

清廉自持，嚴格治軍

王立民（政校28期）

「清廉自持，嚴格治軍」是前陸軍總部政戰部主任黃家瑾中將服務軍旅生涯之明確寫照，相信也是曾經追隨或相處過部屬和同仁們共同的看法。當接到黃夫人張素玲女士來電提及，家公主任逝世滿十週年，計劃編印紀念書刊，希望部屬和同仁們協助提供專文或資料時，腦海除頓時浮現追隨家公主任期間點滴情景，更對黃夫人張素玲女士懷念夫妻情份之情深意重，深感敬佩。

民國七十四年間，家公主任時任陸軍第六軍團政戰部主任，於時任政一組長薛引將軍推薦下，擔任隨員參謀乙職，此期間除由家公主任親自授予上尉官階，另於公務隨行中結識內人應蓮，婚禮時家公主任親自出席，更致詞表示能參與並促成姻緣深感喜悅，回想家公主任於平時公務期間，無論與家人或部屬相處，實仍其有幽默浪漫之一面。

當歷練基層少校階職務後，家公主任時任陸軍總部政戰部主任，又再次受命擔任隨員參謀乙職，此期間近身學習家公主任寬廣視野、明確果斷、認眞負摃之工作態度，而爲人處事清廉自持之操守，家公主任除了一生奉行遵守，更經常對所屬同仁耳提面命家公主任對國家部隊之認同感和責任感，實爲衆人之表率。

轉瞬間，家公主任逝世屆滿十年，軍旅生涯多次近身追隨，家公主任處理公務確實嚴厲，但奉公守法負責盡職及提攜後進之精神至今仍爲部屬同仁們所再三肯定，實不容懷疑，而蔣金城等多位部屬亦未辜負家公主任期許與栽培均晉升少中將階，相信家公主任在天之靈得以安慰。

回憶過往追隨家公主任情景不勝枚舉，然因文筆不善表達，於家公主任病逝將屆滿十年時刻，僅以此文表達最眞切懷念與追思。

嚴師嚴父

張際忠（政校25期政治系）

個人甚爲有幸，得能在初階軍官時結識家公恩師，那時，家公恩師任職陸軍后里軍兼成功嶺大專集訓班政戰部主任，其辦公室上尉行政官出缺，學生適值連輔導長經歷屆滿，承由當時的主任黃偉嵩師長的推介，渥蒙家公恩師不棄，安置在辦公室中學習歷練，斯時以一個低階小毛頭軍官，每天都須面對以「治軍嚴謹」稱著國軍部隊的名將，那股戰戰兢兢可想而知，說個在家公恩師麾下不足稱道的生活小故事：

有天家公恩師到軍團開會，學生乖巧敬業的堅守著辦公室，誓言絕不讓任何來電滴水不漏，上午大半晌確也踏實的做到了，近午，當時的政戰部副主任周以昆進到辦公室說到：「際忠啊，我看你坐了一上午動也不動，上小號了沒？」，學生回說：「還沒，絕不能上，萬一電話沒接到怎麼辦？」副主任接著說：「沒那麼緊張，去，別跑遠，就近用主任的廁所，我幫你看著。」那會兒說實在的，生理上還眞有點憋不住啦，學生接著回說：「主任的寶廁那能亂用，萬一留下餘香，豈不忤逆不忠」，一猛頭快步的衝到外面的軍官廁所內小解，天殺我也，此時主任的專用電話響了，一時昏天地暗，不知那來的神勁，也不管解手解完沒，感覺中僅是一個箭步（無比神速）就拉開隔紗門抓起了電話，那廂主任令人震懾的聲音已經傳來：「電話響了半天怎麼不接？到那去了？我一出門你就擅離崗位，萬一影響了重要軍務怎麼辦？」，啪一聲掛斷，學生驚愕中還沒回神——「愣住了」，忐忑不安中夾雜著冤屈，事後想來，軍務的嚴謹是沒有折扣的，如何的調配因應，端視靈活的智慧與崇法務實的態度，雖說小事一樁，但卻蘊含著無比讓人體會與學習不完的道理。

家公恩師退離軍職十餘年後，本科本業似乎再也看不到那種治軍嚴正、唯才是用、專業專注、井然有序、受人依重崇敬的風氣與景況，「哲人日已遠，典型在夙夕」，在追隨家公恩師身邊短暫的日子裏，其身體力行、無私無我、公正不阿、剛毅堅持的治事風格，對學生而言猶如嚴師嚴父，終生感念受用不盡，亦永銘在心，低微之人謹以微細小節道出對家公恩師的無比思念——「您的嘉言善行，永遠是我們後輩效法的典範」。98.8.10

將軍的私房菜

何台義（政校28期）

家公將軍給人的印象，嚴肅剛正威武，帶點霸氣，治軍、律己，非常嚴謹，工作講求速效要求完美，很多人是又敬又畏，讓部屬不敢接近，但何其有幸，三度追隨受其指導，獲益無以量計。猶記有次假日，前往家公當時擔任總政總戰部第一處處長於青年公園的家裡，時值午前即將用餐，自然受邀，留下共餐，意外的是午餐菜餚全是將軍在廚房一刀一鏟一手做出來的，色香味俱全，談起做菜，家公的話匣子一開，天南地北家鄉菜全出籠，其中家公最津津樂道的一道菜，干絲、肉絲、炒辣椒，看似稀鬆平常，吃來風味絕佳。爾後常有機到家公家裡坐坐，也定能吃到干絲、肉絲、炒胡椒，這也是我永遠難以忘懷的將軍私房菜，從家公平日家居看將軍，鐵漢也有柔情。

化作春泥更護花～憶家公主任

張長林（政校新聞系26期）

「長林吾弟鑒：月前罹病住院治療，辱蒙親臨探視慰勉與鼓勵支持，…謹專函申謝。」這是家公主任來的簡札，珍留在書房已逾十年了，多次想讀，總是在唏噓揪心下，一次次的作罷。

有幸追隨主任，迄今已近三十寒暑，白駒過隙，少不了「少壯幾時？鬢髮已蒼」的喟然，然而特別感懷的舊事，點滴深烙心田，歷久彌新，不敢或忘。

民國七十年初，與同班女同學劉績青，同在成功嶺成訓中心任新聞官，負責大專寒、暑訓的新聞採訪、發布與媒體繫等工作，我們的頂頭上司——成訓中心政戰部主任正是家公，如果記憶不錯，小績和我應是同期新聞系同學中，最早專長歸位（指從事新聞工作），學以致用的幸運兒，雖不敢恃寵而驕，卻不免志得意滿，意氣風發；為了不枉所學，展現專業，我們共同作了小績主內（媒體聯繫與資料整備）、我主外（媒體接待與採訪發稿）的分工，誠惶誠恐，力求完美，期能為長官分點負荷，也能得到長官一點肯定，然而，工作難免有窒礙，每當一籌莫展的當兒，「望之儼然」的家公，總能親切及時的伸出援手，將人力、經費、輸具不足等問題，一一解決，好讓我們無後顧之憂，全心投入把工作做好。

甫出校門，少不更事，內斂不及的毛病，在撰擬新聞稿與參謀作業上，表露無遺，然而，家公非但不以爲意，卻總以長者的慈愛來包容我的幼稚與不羈，並不厭其煩的以毛筆審稿，果不其然，舉凡經家公斧正之文稿，無不獲得總部忠誠報的青睞，一字不改，大篇幅的報導，對於初任記者的新鮮人而言，可是比中獎都來得興奮，當然，對於家公思維之縝密、處事之嚴謹、析理之精準、文采之高妙，亦不由得你自命不凡，更不得不心服口服，如今思及，當年那兩個毛頭小子，以及更多我不知的毛頭小子們，爾後能在新聞專業、爲人、處事等各方面，有所寸進，誠拜家公劬劬化育方得以致之。

成訓中心的日子雖然緊湊，但是在家公的庇蔭與授權下，大夥情同手足，一團和樂，四合院內諸多溫馨故事，至今仍長留心中，傳唱不完；猶記得那年，德茂學長榮升，中校組長出缺，不料，長林才粗智薄，一介輇才，竟過蒙家公拔擢，有意委以重寄，惶悚莫名，不知何以，終日躲藏，生怕與家公照面，終至家公覓得楨榦之才金城學長接任該職，長林才如釋重負，解除了警報，但也因此留下這段老友茶餘飯後的趣譚。之後，復蒙家公推薦至軍團服務，成爲當年軍團最年輕的軍官，爲自己的軍旅生涯，再添一件深刻的印象與難以妄懷的經驗。

不久，家公榮膺要職，離開成訓中心，長林也數度職務異動，遺憾未能再回到家公麾下，但是，家公的關愛與照拂，卻從未停歇稍減，那種備受關愛的激動，如沐春風的溫暖，尤其強烈，無法自己，因此，對家公的懷念也特別多。

李白「長相思」有云：「天長路遠魂飛苦，夢魂不到關山難。長想思，摧心肝。」記得那年，志浩尚在國外，金城學長領我們至「研究苑」向黃師母請安，行禮如儀、閒話家常、見識各樓層房飾擺設之間，一夥人竊語惟恐師母孤寂，黃師母卻毫不思索即言，「屋子很大，美好的回憶更多，思念也更猶恐不及，那還會孤寂？」，字字句句，令人動容，惦掛之慮，也得以消釋；的確，家公身形雖去，師母的堅貞情長，壼儀肅肅，在在流露鶼鰈情篤，賢淑偉大，誠令吾等又敬又不捨，實值一書。

北窗外，夜深入靜，美麗華摩天輪的霓虹燈已熄，環顧萬家，燈火點點，欲入眠，不得夢，現於腦海、眼簾、耳際的，盡是成訓中心家公的惇惇教誨、網球場上家公矯健的身影、彩虹賓館的談笑風生、天成飯店的把酒敘舊、病榻前聲聲叮嚀……，悵然之際，不覺吟起「悠悠我心憂，蒼天有極，哲人日已遠，典型在夙昔。」、「落紅不是無情物，化作春泥更護花。」，豈不正是家公最佳的寫照，寸心言不盡，東方已既白，祈盼入夢，故人入夢，解我長相憶。

永遠懷念　家公主任

黃偉嵩（政校學弟）

十年了，眞是想不到，家公已經離開我們這麼久的時間，感覺上這位老長官一直都在我們身邊！

我記得很清楚，追隨　家公是從民國六十七年四月十六日開始。個人歷練完旅級處長後，被推薦參加陸軍總部政戰部參謀考試，當時家公是政一處處長。

參加參謀考試當時，我的心情旣驚喜又矛盾。原因是個人於民六十年九月由陸戰隊交流到陸軍任職，一切都感到十分陌生；政校研究班28期畢業後，派任小金門旅級處長二年八個月，外島物質條件差，生活非常辛苦，若能脫離野戰部隊到總部歷練高司參謀，可說是一步登天，人人羨慕的。

其次個人家居高雄左營，未來若能到陸總部，其他人每天上、下班，而我又能享受到什麼呢？但無論如何，這卻是一個離開野戰部隊的完美句點。

另外，我聽說處長黃家公對工作及部屬要求非常嚴格，甚至有些不通人情；心裡頭雖然有些矛盾，但是當我接獲錄取通知，並擔任政戰人事經管部門的中校人參官的命令後，我還是滿心歡喜地報到了。處長約見時告訴我：「你是從陸戰隊過來的，在外島又服務了二年多，所以沒有人情包袱；未來經管全陸軍政戰人事，特別是對四年制畢業軍官的經管制度，要好好的建立起來，才不致被少數人控制。」（當時政戰人事被一批老參謀把持，很有勢力。升遷調補靠關係、走後門，一直為人所詬病！）家公並勉勵我，你在這個位置上幹好了，對所有政校畢業軍官，是一件無量功德；幹壞了立即退伍，甚至法辦。

在種種壓力之下，陸總部兩年多期間，我兢兢業業、夙夜匪懈投入在工作崗位上。反正無法上、下班，每天就和幾位住南部的同事，在辦公室忙公文或看老案到深夜，雖然很辛苦，犧牲很大，但卻樂在其中；當時有些老參謀因為下班後安排了飯局、牌局或其他外務，許多工作全交給我及其他留宿的南部同事來辦，也因為我們自己的努力和付出，公文上從未出過差錯。這些事其實他完全看在眼裡。經處長多次考驗，對我們的表現非常滿意，尤其是對我個人在工作上特別的鼓勵與指導，生活上特別的關懷，這時我才真正的體會到「有工作才有地位、有績效才能發言」這句話的道理。不到一年，這批老參謀在處長嚴考驗與要求下，紛紛自我求去，我也佔上首席參謀的位子，二年後晉升上校。

在處長兩年半指導、關懷、鼓勵及愛護下，我有說不盡的感激與敬佩。其中個人體會最深的有以下幾點：

◇建立幹部經管　型塑專業人才

國軍邁向現代化發展的過程中，政戰制度扮演相當吃重的角色。而制度成功的關鍵在人，因此家公特別重視人才培育和訓練，這從他要求我做好四年制軍官經管、建立透明化的「考核制度」及提升軍官的專業才能與領導能力等多項重要的要求可以體會。事實證明，他「中興以人才爲本」的遠見，深深影響了爾後部隊的政戰制度定型與發展；同時，在他嚴格要求與至殷切期盼下，不僅造就了許多優秀的幹部，更帶動了政戰幹部整體的工作士氣，爲部隊的戰訓與團結做出莫大貢獻。

◇強化本職學能　落實留優汰劣

培養優秀的國軍軍官，爲強化軍隊實力的重大項目。在社會強調專業進修與終身教育的同時，家公就積極鼓勵幹部運用時間充實自我本職學能，有效提升領導職能，成爲部隊所需的專業人才。但是他嫉惡如仇的個性，也反映在人事考核制度上，少數害群之馬破壞政戰制度榮譽，他希望訂定更完善的機制，有效去蕪存菁，淘汰不適任者，留下優秀人才，建立優質的軍隊戰力。

◇砥礪忠貞氣節　鞏固團結向心

近年來社會風氣逐漸多元開放，價值觀念也產生變化，但軍人優良的傳統價值是亙久不變的。家公特別重視軍官幹部的廉潔操守。他自己謹守紀律、勤儉樸實，以超高標準的品德操守來自我要求，也用復興崗的「吃人家所不敢吃的苦、負人家所不敢負的責、冒人家所不敢冒的險、忍人家所不願忍的氣」四句校訓，來警惕所有的政戰同仁，以無智名、無勇功的精神，懍於做個「革命大道上潔白無瑕的細沙」。家公認爲，具備這種條件的政戰幹部，才能夠團結官兵，發揮軍人對國家的忠誠信念以及忠貞不貳的愛國情操。

◇前瞻未來趨勢　擘劃制度發展

長期在部隊中發展，家公受到許多長官愛護及賦予重任，基於對部隊政戰工作的使命感，家公因而建立一份比一般幹部更深層的責任。他體認到官兵才是部隊戰力的骨幹，教育官兵成爲愛國家、愛百姓的戰鬥部隊，是我們無可旁貸的職責。因而他指示相關業管部門，必須以新思維、新觀念、新作風，來迎接新時代的來臨；而在制度發展方面，更必須保持連貫與彈性，以維持制度的可長可久。

在許多人眼中，家公看起來十分嚴肅，但是，眞正和他相處過後，才能體悟出他其實是一位「外在嚴謹，內心熱忱」的長者。我記得他曾經當面告訴我說：你們都認爲我嚴格，不苟言笑，但外表是父母生給我的，其實我的內心和各位想的都一樣。以當時的環境和部隊背景，能夠成就如此恢宏的事業，獲得各級長官（特別是主官）的信任與支持，恐怖你我都難望其項背！還有一些鮮明的記憶，我想藉這個機會提出來和大家分享：

◇他沒有老一輩政戰幹部的壞習慣（別人家不行，只有我自己最行）、（玩權弄術，只看他人缺點）。

◇對工作要求沒有討價還價的空間（工作做好了，一切好談）。

◇考校幹部首重品德操守，這點是他的「天條」——絲毫不能打折扣；特別是金錢與女色，絕不能出錯。

◇對幹部工作上的要求：成爲主官的幫手；與幹部融洽相處，促進單位團結和諧。

◇要求部屬孝順父母，善待家人及對家庭負責（軍人長時間待在部隊，物質條件困苦，家裡都是父母、妻子照顧撫養，因此他特別重視幹部家庭、親人要負責，這點他從自己做起，我們當幕僚都看在眼裡，直今天退伍了，還在效法他的習慣。）

◇關心部屬：「望之儼然，即之也溫」，回想起他當時對部屬的關心和照顧，讓我們如沐春風；那一分濃厚的情感在我心裡生根，長出的樹，結成的果，讓我今日也能如此善待部屬。

家公一生對國家、軍隊和政戰工作的貢獻，在歷史上自有定位與評價；我有幸追隨這一位「一以貫之的人格特質、清廉耿介的道德操守、寬大爲懷的處世胸襟」的老長官，是我的福氣，如果說我在部隊裡有一點成就，都是源於家公的薰陶與教誨。我對他的懷念永無止盡，他的身影依然長駐我心。而對許許多多曾經受教、受惠於斯的人來說，家公英年因病辭世，除了爲他感嘆壯志未酬，在追思之餘，正好也給了我們效法學習的惕厲。

歷史浩瀚，多難興邦，現在部隊在體制、教育訓練上，已經有了相當長足的進步與驚人發展，我們相信一定會「一代比一代強」。如今家公已經離開人世，盡捨執礙，圓登阿彌陀佛國度，相信他老人家看到後期老弟如此兢兢業業，堅守崗位，及子女們個個爭氣，家庭幸福美滿，在天之靈必定能夠捻花微笑，隨意自在。

文天祥「正氣歌」中一句「哲日已遠，典型在夙昔」似乎是我們懷念家公最好的敬語。

憶永遠的嚴師益友—黃家瑾先生

田本謙

九月三日晚上，戶外仍斷斷續續的下著大雨，我拖著疲憊的身軀，才剛踏進家門，連鞋子都還來不及脫，就接到黃夫人的電話，告訴我今年是黃主任逝世的十週年，我才赫然覺醒，時光的飛逝，一時之間，昔日軍旅中的種種，頓然歷歷在目。

先生接當陸軍總部政治作戰部主任不到三個月，我便奉調擔任行政官，爾後一路追隨至國防部總政治作戰部、警備總部，直至先生退役。先生退役後，轉任新營石油氣公司擔任總經理，我亦陪同至台南縣履新，其後因個人工作領域不同，除每年三節親往宅邸問候之外，平日已鮮少請益與互動，直至先生因胰臟癌住進榮總，才有密切聯繫，可惜發現的太晚，藥治無效，彌留當日及安葬五指山國軍公墓等喪葬事務，我勉力全程參與，當無遺憾。因追隨先生的軍職期間，均擔任行政官及秘書工作，工作務涵蓋了公私領域，即使現在任職之中國國民黨國軍退除役人員黨部也是先生所引薦，感受自然較一般參謀不同。

回憶追隨先生五年間的體悟，先生素來嚴以律己，治軍嚴謹，因此重「法治」而輕「情理」，即便老長官說項，也回答說：「我現在只是在執行主任以前的規定。」不可諱言，在先生的軍旅生涯中，有些人因此失去了既得的利益，以致後來有人得知我曾追隨先生多年，因而遽下斷語——我不是一個簡單的人物，其間褒貶參半，令我感慨萬千。

論處事，先生公私分明，廉潔不阿，尤其行事果斷有擔當，爲儕輩後進所津津樂道，即便外界或有的些許誤會、不諒解，也都在先生堅實肩膀的擔當下，煙消雲散。

回憶先生過往，如同讓我攬鏡自照，從這面鏡子裏，我不僅憶起了先生的嘉行，也照映了自己。雖然現在的我，已經沒有需要我果斷、擔當的地方；但是，對於工作，我一如追隨先生，仍然秉持著執著、周延、不過於嚴肅緊張、相互體諒、設身處地的態度在任事，這也是我追隨先生以來的最大收穫。

點滴在心頭

陳鏡泉

家公主任辭世，倏忽已逾十年，每憶及家公生前對我的提攜與照顧，感恩與思念之情，冉冉浮上心頭。

初隨家公，是在民國六十七——六十九年間，當時家公擔任陸總政戰部第一處處長，我則在其麾下充任少校參謀。家公治事嚴謹，好惡分明，果敢剛毅，對屬下要求極爲嚴厲，對公務處理不講情面，在陸軍可謂「聲名遠播」，跟隨過他的僚屬無不仰畏其威。

記得處長到任不久，有一次我簽了一件重要公文，到了處長手上卻遲遲未見批下，隔了一天，處長召我進其辦公室，我心想，這下慘了，準會挨罵，但見處長嚴正中不失和顏，指出我簽案內容不周之處，並細述其對本案的看法及指引我簽辦的方向，囑我儘速修正後再呈，我這才鬆了一口氣。走出處長室我立刻放下手邊其他工作，針對本案研磨再三，並融會方才處長所指導的方向大要，在最短的時間內完成重簽並呈出。這件看似微不足道小事，處長卻在幾天後的處務會報中讚許我處理公事的正確態度。由這次經歷，讓我深刻感受到家公雖然有時「霸氣凌人」，使人「心驚膽寒」，但只要認眞做事、注重時效、言之成物，家公也能和煦春風，給下屬適當的嘉勉與鼓勵。

民國六十八年，我少校年資屆三年，如能於九月前佔高階缺，即可於次年晉升中校。約莫三月間某日，處長突召我面見並對我說：政二處有一中校出缺，張處長（人俊將軍）想要你過去服務並佔缺，你願意過去二處嗎？我略爲思索後即刻回覆處長：我想繼續留在一處，不急著佔缺。到了七月間，我便在一處佔了高缺，並於次年元旦順利晉升中校，或許處長對我「忠於第一處」感到欣慰，或是一處正好有缺騰出，我不清楚，但對家公的提攜與厚愛，我永銘於心。

民國七十一年，我在成功嶺擔任旅處長，家公由嘉義軍主任轉調成訓中心，有緣再度與家公同處一個營區，並接受其指揮督導。在大專集訓期間，假日難得休假回家，內人偶會帶著一雙年稚兒女到營區來「眷探」，家公夫人素玲女士也會帶其獨子志浩到嶺上探望主任，成功嶺上的主要幹部幾乎都有這種體驗，慢慢的，家庭成員也就相互熟識。記得有一回，我們都在嶺上，一起吃過飯後，茶敘、聊天，家公看見我的小兒子可愛活潑，且不時哼哼唱唱，便逗起小兒要他唱歌給大家助興，未料，我兒昱年非但毫不扭怩，還一付急於表現的樣子，家公見狀，親自搬挪了一張茶几充當唱台，只見昱年一股腦站到茶几上，拉開嗓門，唱了一首「我的未來不是夢」，稚氣十足、有模有樣，極爲有趣，帶給大家許多歡笑與溫馨，只見家公大聲鼓掌叫好，孺慕與赤子之情表露無遺，令人印象深刻。

民國七十七年三月，家公接掌陸總政戰部，五月，我即由軍團組長調到成功嶺擔任師主任，對家公的一再提攜，我除了心存感激，只有戮力從公以報。

民國八十二年四月，有一個機會我軍職外調到福建省選舉委員會轉任公職，金、馬地區解除戰地政務後回歸地方自治，八十五年元月，我服務的單位隨著福建省政府遷治金門，此後，就鮮少有機會與家公見面。八十六年底，聽聞家公罹患胰臟腫瘤開刀後在家療養，家公平日生活簡樸規律、身體一向健朗，怎奈一夕之間得此重症，眞是情何以堪！心中一陣酸楚，遂利用返台休假之便，與內人同往探視，見家公一如往常，精神奕奕，不言病情，與夫人領著我們參觀其汐止新居，顯現家公一貫的堅定與自信。

民國八十七年九月，家公六十七歲壽辰，幾位老部屬在台北一家餐廳爲他慶生，席間，家公談笑風生，不像是動過大手術的人，而這也是我最後一次與家公敘舊。

民國八十八年三月十六日，家公終究敵不過癌病的侵襲，不幸溘然長逝，驚聞噩耗，不勝唏噓！立刻由金門趕返，帶著內人及子女在家公靈前上香致哀。深深的一鞠躬，我淚眼模糊，久久不能自己，家公對我及家人的好，點點滴滴一一湧現心頭。

僅記述與家公生前相處的兩、三事，用表對家公無盡的感恩與思念。

作將軍隨縱參謀的心得

郝聖珂（政校新聞25期）

民國七十六年調回陸總部服務，分別是在主任辦公室及政五處。而在主任辦公室任職期間，分別擔任兩位主任的個人參謀，能有幸追隨兩位將軍，學習其爲人處事之風範，實屬不易且獲益匪淺。

如今將軍分別已逝，家公主任逝世已屆十年，典範猶存，就記憶所及書寫一二以爲紀念。

政五處任職期間是負責福利業務，在某日安排主任黃將軍赴花蓮慰問部隊後返回台北車上時，處長趙將軍便告知我準備到主任辦公室報到！就這樣開始主任便近距離的共事在一起。能再回到主任辦公室任職，感覺得到是一份榮耀外，但卻又有著惶恐不安的情，深怕做不好。因原本曾在主任辦公室擔任過個人參謀，各項行政事宜也都能掌握且駕輕就熟，回想走馬上任之前，處長趙將軍特別叮嚀：做事要細心、安排事情要週到，凡事在主任之前能考慮到的做事方法，應該是可勝任的。處長對我有信心，我也就將信心化爲行動的全力以赴。直到主任榮調國防部履任新職後，我也安全跑完本壘得分！

嚴肅是主任給人的印象，明確果斷、迅速確實、不苟顏笑的威嚴感是對主任的感覺，但是在三五好友相聚之餘，看他談笑風生、笑逐顏開又覺得沒有壓力，主任就是能把握場合分清且公私分明。

誠謂：「經一事、長一智」。這是一段難忘的經驗心得。記得那是隨主任到台北總統府開會，主任開會我都會在總政戰部副主任室秘書辦公室內待命，因隨時要掌握開會結束時間，有時不時的探頭向窗外觀看，但就在我一個如廁時間的光景，會議結束！四處找尋主任時，總政戰部副主任室秘書王學長說主任已下樓了，我火速由五樓直奔大漢營區。主任剛進辦公室不到五分鐘我也抵達。到主任室向主任報告我回來了！之後，都沒再找我也沒問我，更沒有絲毫譴責。我想主任對我是在做一個潛移默化的訓練與教育（自省與自覺），這是一個難得的機會教育。戰場狀況瞬息萬變，分秒必爭，能當機立斷，掌握機先方能穩操勝算，的確就是差上分秒時刻，就有如此大的變化！

出遠門出差除了行李外，交通工具的安排與各項行程與時間的掌握連絡，那更是一項挑戰！記得有一次到陸軍官校參加校慶典禮，當天餐會結束後，所有長官出餐廳之際，長官會找參謀或駕駛，參謀（駕駛）也會找長官。本能反應主任在我的注視下，搭上了大巴士。同時也看到總政戰部主任上了大巴士，當時心想主任座車此刻不宜歸隊，隨即軀車追隨大巴士車在後，來到屏東機場。主任與官校湯校長送機後，主任回到座車上後，面帶欣喜樣子，很肯定我對狀況的掌握與反應，慰勉我！畢竟當天送機行程是臨時決定，實在是無法與主任聯絡下，我必需採取的行動。憶往主任處事嚴謹、思維縝密、析理精準、明確果斷、迅速確實的行事風格與風範是我所望塵莫及。而能得到主任的肯定感到非常欣慰了。

可敬可佩的好長官

陳興國（政校學弟）

在不瞭解家公之前，一般人會說他很兇，很不近情理；但是，在瞭解家公之後，你會覺得他不但不兇，還很講情理；套一句俗話說，他是一位「刀子嘴，豆腐心」的好長官。

記得在民國六十九年四月，我在金門任職中校旅處長時，因一篇「如何具體落實基層政治作戰」的報告，受到時任陸軍總部第一處處長家公的賞識，而奉調該處占上校職缺，擔任人事部門首席。任職七天，召開全軍「政一會報」，會前，家公告訴我說：「你剛到職，如果有人提問題，而你業務不熟，可以不回答，由我或副處長來做說明。」這一番話，給我的感覺是既安心又窩心；會後，家公找我到他辦公室嘉勉一番；因為所有的人事問題都由我一一適切答覆。從此，家公對人事部門的工作就充分授權，不再操心了。

民國七十四年七月，我師主任任期屆滿，奉調國防部總政戰部第一處副處長，家公是我的頂頭上司——處長。上任沒幾天，颱風來襲，夜間新聞播報：台北市明天不上班；所以，翌日，我就沒上班，八點過後，處長參謀來電：速來上班。一進辦公室，家公劈頭就罵：「革命軍人不要說是刮風下雨，就是下刀，也要上班。」眞是一語驚醒夢中人；爾後，儘管再大的風、再大的雨，我都會堅守自己的工作崗位。

民國七十七年十一月，我從后里軍團主任兼成功嶺大專學生集訓班政戰部主任職，調升陸軍官校政戰部主任，這雖然是一個正常的人事管道，但所不同的是我是一位占了少將缺，第一年未晉陞的上校，因爲陸軍官校從未有著上校服的校部政戰部主任。事後，我才知道這是家公的旨意，因爲他覺得陸軍官校是一個培養革命幹部的搖籃，需要一位年輕的四年制生來接主任，他曾引用孔子：「作之君，作之親，作之師」的話語來勉勵我，希望我以身作則，身體力行，爲陶鑄優秀的基層軍官而奉獻心力。

家公思維縝密，任事負責，敢作敢當；生活規律，勤儉樸實，少有應酬；除了工作之外，就是家，是一位既愛家，更愛國的典型軍人，且以此勗勉後進晚輩。家公退役後，也常關心我輩工作狀況，他適時適切的鼓勵，猶如暮鼓晨鐘，發人深省。無奈病魔纏身，藥石罔效，終於民國八十八年三月十六日辭世。

而今，家公雖已離開我們十個寒暑，但我對他的思念卻是無限；他的一舉一動，所言所行，都深深地烙印在我的心田底，時時地浮現在我的腦海裡。這也讓我體會到，長官對部屬的愛：是放在心裡，而不是掛在嘴上；是人格的影響，而不是言語的說教；是講情理，而不是耍權威。謹撰此文紀念這位可敬可佩的好長官——家公，以告慰其在天之靈！

（中華民國九十八年八月二十八日午夜陳興國寫於台北市）

神。

病床上的諄諄教悔

周彥中（政校20期）

十年了，我始終忘不了，那隻誠摯有力、透著股剛毅的手與那雙炯炯有神令人敬畏的眼神。

機緣

初次識見家公，是我自研究班畢業，以待命軍官身份，準備奉派旅處長時。

猶記得，當年派職前，主任依例個別召見。翻著我的兵籍資料，他問我：是否曾在外島服務？我答：曾在澎湖任職。主任又問，是否曾赴金、馬？我沒完全明白他問話的深意，僅報告「曾去過」。他又問我：哪一年？待多久？我報告，任職國防部參謀時，曾多次赴金門、馬祖督導。

就在那一瞬間，我注意到主任的臉沈了下來。把手上的兵籍資料一丟，「那不算！」他隨即用紅筆在派職資料上一揮，留下四個字——「改派外島」。

這是我首度與這位傳說中不苟言笑、御屬甚嚴長官的正式接觸，時間是七十七年五月。

拔 擢

我受命後於六月初赴金，接任一二七師三七九旅旅處長。由於原始派職單位為北部地區，因此對突然改派金門，心理上並沒有做好準備，只有藉每日勤跑基層，瞭解官兵生活狀況，專注於本職工作，期望藉此調適心緒上的波動。

隔年七月，主任赴金防部視導，防區營級以上政戰幹部，均齊聚參加座談。過程中，承辦單位先期安排了發言人員，希望讓會議過程更流暢。不料主任只聽了起頭，立即裁示：不必行禮如儀地發言報告，他要瞭解的是基層單位實況與具體建議，而非官場贅言。

主任的話音一落，會場立時陷入鴉雀無聲的冷寂。沒人想到這位高階長官，竟然如此率直。只見他拿起點名册翻了翻：「周彥中處長，你來談談。」

所幸長期深入基層，深切瞭解當時外島官兵的心聲。於是我針對官兵家中遭遇緊急事態，請假手續繁複；及至莒光日電視教學，專題座談過於刻板冗長等現象，提出報告，並建議應加改進。

聽過我的發言，主任轉頭看了看時任金防部主任的李瑞華將軍說：「對嘛，我要聽的就是這樣的建議。這才是實話！大約一週後，我即接獲通知，參加總部參謀考試；並在隨後再度受到主任召見。

「我想起來了，你就是當初那位被我改派到外島接任處長的中校，是吧？」原來，主任對我的發言，留下深刻印象，並且向李瑞華將軍及時任一二七師師長的丁渝洲將軍，詢問我平時的工作表現。在獲得正面評價，且瞭解我在金防部工作評比中，連續多次獲評優後，乃破格將我從金門調回，接任行政室工作，並代理辦公室秘書，並在七十九年元旦，晉任上校。

由於曾在陸軍忠誠報等專業單位任務，我是當時全期同學中，最後一位歷練旅級處長者；因此晉任上校也較晚。如果不是主任的拔擢，我可能早已離開軍旅，另謀發展。

敬畏

近距離接觸主任後，我才發現他不但御下嚴、律己更嚴。雖然總部主任公務繁忙，但他依然保持規律生活，每日晨起必繞行營區快走健身；餘暇時則廣泛閱讀各類書報，以豐厚的學養與智慧，爲工作推動奠定良好基礎。

當時的總部級處長，對主任的敬畏，常溢於言表。凡受查詢公事者，無不戒愼小心，反覆向辦公室同僚打探，就是擔心無法跟上他的腳步。不過也由於主任指導明確，因此政戰部各處在他的領導下，政策掌握精準，深受各級長官器重。多位處長爾後升任將官，成為國軍幹才，更是主任指導、提攜之恩。

民國八十七年五月，我任職澎防部，忽接獲夫人通知，主任患胰臟癌住院治療，在病榻中，主任乃緊握著我的手，顯露出關懷與堅毅；除了關心我的工作狀況，他在言談間，亦提醒我，早年對所屬教誨多於鼓勵，本意是希望激勵後進、發揮潛能，以力爭上游。相關做法雖源於善意，但效果因人而異。

思　念

以後的軍旅生涯中，每當被繁忙工作壓力所迫；而部屬表現，又未盡符要求時，我常想起主任當年在病床上的諄諄教誨，而終能緩和情緒，將責罵轉為指導，以鼓勵做為激發進步創新的動力。雖然歷經十年的光陰，但主任的典型風範，並未遠逝，而是收藏在後輩的內心深處，引領著我們，不斷向前邁進。

天地悠悠，生命終將化為灰燼，雖然已十年了，但我永遠記得那雙手，為我的軍旅生涯，挑起更迭起伏；是那雙手，在無數關鍵時刻，為政戰工作的推動，擘劃宏規方向。那是一雙不吝提攜後進、拔擢菁英的手；也是一雙愛深責切、不留情面，但卻令人無限懷念的手。

永遠的戰將

陳克難（政校學弟）

軍旅生涯中，曾追隨過許多長官，他們的教誨、提攜，讓我終生銘感；其中，嚴謹睿智的家公——黃家瑾中將，是對我軍職歷練的幕僚階段影響至深的師長。值此家公逝世十載的今年，謹以學生、部屬緬懷師長的心情，追憶家公點滴，以為誌念。

應是長年於軍旅各層階級紮實歷練之故，家公見識深遠，經驗豐足，處理事情的冷靜與智慧，遠非我們一般人所能相比。平日工作指導深入、要求嚴謹的家公，每令許多部屬望之儼然；然而，當部隊肇生重大事件時，家公除以政戰主管立場對總司令建言外，對幹部的指導，則是從容冷靜、有條不紊，甚至屢予安撫、打氣，並就總部權責協助提供必要支援。家公常提醒我們的是：盯部隊要盯在平時，臨時發生事情時，嚴詞斥責下屬非處理之道，當務之急在上位者要以經驗指導下級，提供一切可能支援，以協助穩住部隊士氣，防範餘波效應；這原本就是領導統御之道，可是到像家公這樣的修為並不容易。

家公個性耿直，絕不徇私，曾於陸軍總部及國防部掌理政戰人事經年，非常重視人才培育，尤重幹部的均衡性，強調人事爲國之名器，用對人就能做好事，必要謹愼舉薦人才，蔚爲國用。家公眼中的幹部均衡性，綜合他平常對人才考選的指導要點，應是包含分析力、表達力、應變力、執行力、開創力及韌性、穩重性、務實性、前瞻性；對僅能聽命令、做動作，卻不具開創力、前膽性的屬下，在家公眼中雖是守本分的人，但卻非優先往高階培養的對象。在軍職歷練的壓力承受面上，家公更常勉勵我們，軍旅生涯是萬米賽跑，不能有一絲懈怠，更不能對環境低頭，要堅守原則，否則一步退，則步步退，最後退無可退之路，滿盤皆輸。

家公素重家庭，對背棄糟糠之妻的幹部，其責處之重幾達永不錄用的地步。不日與幹部話家常時，也常以其詼諧中不失莊重的口吻，叮嚀大家要疼惜妻子、重視家庭，不要把時間、金錢虛擲在外頭無謂的應酬上。逢到年節，家公賜宴所屬幹部及眷屬時，從家公與師母間細膩互動中，我更可以體會到那種鶼鰈情深的夫妻之情。

家公病重臨終時，我到榮總安寧病房探視，其時癌細胞已嚴重擴散侵蝕家公多重器官，即使施打嗎啡也無法減去遍身劇痛，看著我敬愛的老長官躺臥在病榻上，瘦削的身軀已不復當年英武，但堅毅如昔的他仍強忍痛，在我俯身擁抱他的時候，用從齒縫中強迸出的一絲力量，咬牙在我耳邊說：「快回去！不要耽誤工作！」我幾乎要掉下淚來，惶恐中趕忙回應正在戰院進修，不會影響工作，家公才停止叨念。這正是家公一絲不苟的個性，即使病重至此，仍不願部屬因探視他而影響工作，而就更深層的意涵來說，那是對部屬的愛護。

公祭那天，由於戰院當天課程無法請假，我一早六時許趕到辛亥二館，匆匆跟在門口招呼的台義學長照個面，便趕進大殿，撲跪在靈前叩拜家公，禱祝時感念老長官的提攜與愛護，不覺眼眶也濡濕了；想想躺在那兒的是我敬愛的家公，惟在戎馬倥傯四十餘載後，甫解甲沒幾年，便因重疾纏身辭世。家公在他們那個動亂的年代，少小離家加入軍旅，可以說一輩子都獻給了國家，奮戰一生，幾乎沒有享過幾天清福。像家公這樣的軍人，令人敬佩之處，就在他無私的奉獻，在家公個人而言，終其軍旅一生，他為軍隊及國家竭智盡忠，克盡厥職，無愧職守；可是，在我們心中，對造物弄人這麼攸然的結局，當然不無遺憾！

家公擔任軍職期間，日夜所思念者，是在為軍隊打算，為政戰打算，為部屬打算；他對部屬的關愛，不是摸頭拍肩膀、噓寒問暖，而是嚴辭鞭策，淬煉成鋼。猶如鼓風爐旁的鐵匠，無分晝夜，把火紅的鐵片捺在砧板上，奮力敲擊，一下更重一下，鏗鏘有力，火星四射，終至成器；那種為國效命，對肩頭使命堅定執著的精神，那種面對時的波濤，凜然無懼的勇氣，正是古語所云「士不可無弘毅任重而道遠」的寫照。

「哲人日已遠，典型在夙昔」，在我心目中，家公是永遠的戰將，他所建樹的制度、規範，代表的正是那個時期的政戰，雖然，在今天這個人治影大於法治的時代，未見得都能一成不變的傳諸久遠，但是，許許多多家公所培育的幹部鼎力傳承他的志業，作然為在大環境中蛻變的政戰，勉力維護住其精神，我相信，只要這樣的精神還在，政戰就還有生機，還能為軍隊、為國家繼續有所貢獻，願我政戰同仁勉乎哉！

懷念老長官黃家瑾將軍

胡治清（政校學弟）

一、前言：紀令文寫自己的老長官是最難了，說的太好落入拍馬之嫌；說不好，一定是挾怨報復，因此自咸萃大學長來電約稿後，一直不敢動筆的原因。對此，後來想想，我還是應表示一二，必竟我直接追隨　家公曾有二度，朝夕工作相處數年，謹記憶所及臚陳如後：

二、追隨二度憶往：

1.陸軍一五八師時期，部隊擔任台北衛戍，事繁任重，　家公是師主任，我在一七二旅做處長，相處約半年我奉調回國防部政二處參謀，民國六十四年三月接到命令，隨即由政一處人事主管電話通知「立即報到」，小單位調大單位那敢怠慢。立即去新職單位報到。時陸總又有一說「旅處長為重要軍職」接任人未到職前不得離職，此情此景，叫我如何？沒法只有陽奉陰違，白天我到部裡上班，下班別人回家，我則回部隊處理處長工作，前後持續了近二個月，同年五月有一天星期日家公來黎和里旅營區督導，見到我問「你回來玩哪」？我面報白天赴介壽館上班，晚上與假日回旅處理事務。此一傻瓜表現，卻獲得　家公對我負責盡職的肯定，從此就認爲我這個部屬還不壞，給自己辛苦近二個月來鼓勵與安慰。

2.成功嶺一〇四大專集訓學生師：負責大專學生寒暑期訓練，時　家公是班部政戰部主任，我是學生師主任，大專學生集訓僅我一個師擔任訓練。（待我任滿調離的次月就爲二個師）任重事繁，一點也馬虎不得，一個媳婦，侍候一個婆，嘉勉常有，挨刮難免，任這將近二年中追隨　家公給自己的感覺是他處事明快、任事負責，讓我學得一二，卻受益良多，家公治軍對屬要求甚嚴，但也有孳愛的一面。

三、對　家公的感懷：

1.功歸長官，果賜部屬：

我記得要調升軍級主任的時候，　家公是一處處長，作業召見，命令發布他隻字未提，有日在走道上相遇，只說了一聲主任　許上將非常肯定你工作作努力，交代荐報晉升，應感激主任栽培之恩。我升級如果說他沒幫忙，那肯是是假，但他卻不攬功。在成功嶺大專集訓，每天眞的有忙不完的事，弄的上下各級心身均煩，因此被責備難免，但軍團每三個月有一次評比，十一個師級單位，我師被評爲第一。原因就是他把成功嶺上整個政戰工作的功勞而讓他的部屬我的我來享受榮耀了，他自己卻不言功。由以上兩個事實證之「功歸長官，果賜部屬」。是　家公非常難得的美德。

2.堅持原則，公正不阿：

對此我個人的看法是「了解他的人很好相處；不了解他的人相處則難」。此話表面看好像言之無理，但卻是事實，他常常爲了「堅持原則，公正不阿」而得罪了人，致私底下常有人在批評、埋怨，此情致所有落差，即是了解不夠所造成的原因，這卻是他做人處事固定的立場，應值識者尊敬與體諒。

四、結語：

勤軍務鞠躬盡瘁，著勳績爲國捐軀。

追憶家公

金國樑（政校14期）

家公乃陸軍傑出將領。我是空軍後生晚輩。素無淵源。因緣際會，卻在總政戰部第一處，有幸追隨。

他擔任我的直屬長官，雖僅一年有餘。卻讓我留下永遠的懷念。

總政戰部第一處主管總政戰部的綜合業務，政戰編裝，政戰幹部經管政策，教育訓練規劃，組織工作等。涉及相關業務甚多。

家公思維細密，且勤與聯參單位主管協調聯繫。對參謀作業指導，力主簡明扼要。任期內指導完成的重要「參謀研究」，不勝枚舉。對政戰幹部培養，建軍備戰影響深遠，貢獻頗鉅。

爾後因表現優異，迭獲長官拔擢。歷任軍團主任，福利總處總處長，陸總部主任，總政戰部副主任，警備總部副總令等重要軍職。各個職務均留下顯著的政績。

謹從家公在總政戰部第一處處長任內，對我個人的超序拔擢提攜，追念他敢於承擔，勇於負責的工作態度。

七十三年初，他從成功嶺政戰部主任職務，調任號稱天下第一處的總政戰部第一處處長。（第一處編制上校參謀官就有二十位以上，與空總政戰部所有處室上校正副主管員額相當）我比他早一年在該處，擔任重要軍職業管參謀。

家公到任之初，我承辦的「人評會」，（審義國軍師級主任以上職務調整案。會議在主任室召開。主任親自主持。執行官，兩位副主任及第一處處長參加。第一處副處長及承辦參謀列席。後來邀請相關總部主任，列席該軍種總部審議案。）在某一個周六中午時分結束。週一上班時，家公告知人評會審議的馬防部人事案，業已洩密。我當即向他報告，身為承辦人，自請業務移轉他人代理，以利接受調查。家公正色告知，已向主任許上將面報，保證第一處的保密紀律。業務正常運作，不必移轉。並指示本案洩密部分，移請第四處偵辦。事經月餘的調查，終於還我清白。

家公才剛到任，卻對部屬如此「有肩膀，肯擔當。」在我的心中留下第一個深刻印象。此期間，空總政一處，政二處陸續協調要求我回總部歷練副處長職務。空總政一處考量我回軍任職，恐損失上校參謀官職缺。均以期別較低回應。

七十三年秋天，副處長曹上校退伍轉業。這位副處長負責督導總政戰部綜合業務，政戰編裝，國軍政戰經管政策及人事任免作業。業務至爲繁重。家公屬意繼任人選，一爲九期黃偉嵩，一爲十一期陳興國。

前者時任政戰學校學生指揮部指揮官。長官均以指揮官是學生心目中的標竿，不直調動頻繁。且任職期滿，宜以高階高職任用。後者時任陸軍第一一七師主任，任期甫屆半年，亦不宜調動。

曹副處長建議，以我充任墊檔。其理由：一•空軍發展較慢，聯隊級主任還有四期學長在任，金員歷練的時間還早。二•副處長爲幕僚職，任期可長可短。金員業務熟稔，適當時機回空軍歷練最好。如以專業發展，爾後中央單位另行安置亦可。是一枚活棋。

家公接受曹副處長意見，並說服主任及執行官兩位決策長官同意。

我以參謀官職務逕調副處長，創下兩項先例。

一•副處長編制爲陸階，卻由空階佔用。

二•副處長向由師級主任任滿調用，我卻以參謀職務，直接升任。

當時總政戰部各處副處長職務，清一色由五期學長擔任。（第一處另外一位副處長爲海軍五期張振亞上校）我以十四期身分破格調任，心理壓力不言可喻。

我回空總歷練副處長，尚且因「期別較低」，未能如願。竟然以如此資淺，破格晉用。

做得好是應該，做不好是活該。這一項破天荒的人事任免，更展現了家公「有肩膀，敢擔當」的風格。

家公逝世，轉眼已經十年。他嚴以律己，任事負責的風範。彷彿就在眼前。如今，我們這些後生晚輩，早已解甲歸田。他正直不阿的形象，卻永遠留存在我們心中。

我與家瑾同在空軍官校受訓

周慶來將軍

空軍周慶來將軍來函（98.6.12）

我與家瑾學長於民國四十一年夏天，在投考空軍官校數萬人中很幸運的被錄取，進了空軍官校卅五期，因爲習飛行，身體要求甚爲嚴格，全體入伍生即向位於屏東縣東港的空軍預備學校報到，該年八月十一日，舉行開學典禮，學術科相當沉重，陸軍從徒手教練、持槍教練、實彈射擊、野外戰鬥教練，有一套完整嚴格的軍事教育。學科有國文、數學、理化、史地、空軍常識、陸軍戰術及政治課程，入伍教育於四十二年二月九日結束。

四十二年二月十六日離東港赴虎尾，進空軍官校初級班，學習飛行，開學典禮由校長親長主持，校長訓示：飛行訓練採淘汰制，將來遭受淘汰的同學，不要難過，應當鼓起勇氣，向其他方面發展。

飛行訓練有很多考試，如單飛考試、程序考試、結束考試、進度考試，每日晚點名時，經常宣佈停飛名單，飛行五小時進度考試，就淘汰了四十餘人，半年初級飛行，就淘汰了三百四十餘人。

因時間已久，已不記得家瑾學長何時離開，但我認爲他離開空軍飛行這一行，是上天的安排，因爲以他個性、能力，是要他去服務更多的人，而事實證明，而後從事政戰工作，不正是要他去服務更多官兵和人群嗎！

家瑾最標準的空軍體能

牟其卓同學來函(98.5.14)

咸萃吾兄，來函敬悉，有關家瑾生平事蹟，最接近的親人，瞭解較詳。空軍幼校設立，目的在養成飛行體格，家瑾喜歡打籃球，便符合運動體格，我所提供的，都是些片斷資料，只能作你們參考而已，他身材高大，又喜歡各種運動，是良好的基本體型。他在空軍官校是修35期，其他轉政戰學校的大半都是36期的轉學生。他比其他同學轉政戰學校的，多讀一年書，也多開一年飛機，謹此事例要說明，其他文句不會寫，也忘於雜事請多原諒。祝您健康幸福　弟　牟其卓敬上五月十四日

追憶家瑾和我在一起的日子

鄧宗惠（政校三期同學）

家瑾，你遠離塵世，獨自去仙遊，眨眼間，已有十年之久矣！咸萃學長，突來電話，要我寫篇和你在一起時，值得回憶的往事，以爲悼念！

當年北投復興崗創立了一所革命的搖籃——政工幹校。你我都從國軍部隊，滿懷壯志去赴考，幸被錄取，只是同期不同隊，我還是代職受訓（少尉），畢業後，你我竟分發到特戰部隊，只是不同單位。

那年「三一六」指揮部成立時，官兵共約百餘人，還是從陸、海、空軍挑選組成的一支賦有特定任務的指揮部，首任指揮官，乃是政工幹校的中將校長王永樹將軍，政戰部主任首任是鄒楓枰，次任是王樹權兩位將軍，都是層峰遴任。當年你是指揮官的侍從官，我是政一處少校參謀。平時各忙各的，很少有閒聊的機會，只有例假或節慶日，你我同學才偶有相聚的日子。

「景雲新村」這座只有兩棟精緻的營舍，組成的份子都是三軍中挑選的，個個能力強、謹言慎行，好像是高科技，高效能的研創機構。你我之間也有相互交談和互助的事。簡述如下：

一、你與張素玲小姐，相戀成熟論及婚嫁時，本欲請周龍馳處長，爲你倆結婚時，當總務，不知何故，竟被婉拒，回頭來，你墾切的要我爲你幫這個忙，我默許了。並相約日期，同去向副指揮官夏荷公報告㈠結婚時請他福證。㈡向他借用美製福特轎車充當禮車。夏公都欣然接受。還說：來台灣到特戰部隊，我親眼看到你們長大與發展的。（我在特四總隊，滇緬邊區雲南人民反共救國軍總部，林口反共義士村二支隊，馬防部，金防部，都是部屬）。

結婚日子選定，喜筵設在桃園市夏威夷大飯店，一切皆按原計劃順利進行，井然有序。夏公福證後即離去。因新娘父親官居桃園空軍聯隊會計主官，在眷村頗有人望，多從大陸遷台，欣逢新生代喜事，都要來討杯喜酒喝，那天眞是盛況空前，喜氣洋洋！

二、「三一六」指揮部，因時局演變，老總統蔣公仙逝，而失去了當初成立的宗旨，隨即改爲「空降特戰司令部」，並遷往屏東大武營房。我蒙受王主任樹權在住院時，向陸總部張主任去慰問時，藉機推薦，並派兩位政一處長親來寒舍訪談後，即調陸總部政一處作戰組，翌年晉升上校，多蒙各位長官器識，竭盡心力，戮力追求成效，發揮政治作戰創意，計如：設置政治作戰模型推演室，編印軍官級、士官級、士兵級政治作戰教材人手一冊，師對抗政治作戰兵棋推演範例。軍國政治作戰隊器材購發與基地輪訓等。

受你所託，我好幾次與我倆在特戰部隊的老組長，也就是陸軍總部政五處處長鄭章光懇談，終於達成了你調來總部的意願。你能得到郝總司令的激賞與拔擢，一路意氣風發，官運亨通，也是你的鴻運奇跡！

三、回憶你任金門師政戰主任時，那年冬天氣候奇寒，晚餐因吃火鍋，不慎打倒，將你臉部燙傷譚縣長聞悉，很快就通知金防部三期同學，並望抽空慰問。另外，國軍統一規定每週三實施莒光日教學，層峰規定，每人都須製作莒光袋一只，經費自籌。適逢金酒漲價，原分配防區各部隊戰備酒，經幾位有權的長官諮商決定，將戰備酒原價配售以解決莒光袋所需財源。眞正發揮了，通力合作，相扶持，解決問題的情義。

四、你正壯年又當前途似錦的英年，不幸仙逝，使我夫婦悲痛惋惜！公祭那天，我偕賢妻親自參加喪禮，環顧現場，指揮部的同袍，屈指可數，顯見人情冷暖。

五、昔日的景雲新村營舍已成廢棄的破墟，當年的車水如龍，精幹成員，如今都紛飛星散，或退休歸隱，或病痛仙逝，值此混濁塵世，多苟活隱居度日！

最後祈祝你在天之靈，保佑

國軍昌隆，安康利民。

黃家瑾將軍的重要軍職歷程

薛兆庚

民國五十年前後，正是國際風雲變幻莫測、我與大陸對峙情勢，亦呈現緊張狀態，尤以大陸各地紛傳抗暴活動，政府衡度敵我情勢，咸認此乃「反攻大陸，拯救同胞」之有利契機、且機不可失，乃見後成之「特種作戰部隊」之一二三總隊，意圖採取非正規之「突擊」、「空降」方式作戰，藉敵後的民衆組訓，誘發抗暴，以掀起燎原之勢，再與沿海國軍正規作戰配合，而形成「夾擊」之勢，而逐次殲滅當面之敵，從而完成「中興復國」大業。民國五十年再成立特戰第四總隊，其成員均自各野戰部隊中，精挑內陸籍、已完成傘訓之年青基幹調充，組成後即施以極嚴格而密集的獨立作戰訓練，待時機成熟，即派遣空降特定的內陸地區，從敵後政治作戰，遂行組訓民衆、突擊作戰之革命任務。特戰部隊當時分佈桃園縣境，以龍潭爲中樞，我即於此時奉調參與集訓，並待任務之派遣。

家瑾學長初於司令部直轄之偵察大隊任職，由於駐地分散，任務不一，致當時無緣識荊，待至若干年後或因職務調動，或因受訓、開會、講習等機緣，而有所接觸與交往，我雖未曾直接追隨受其領導，但間接受其關照與影響，則是時時緊記，銘感於心。

民國六十年間，我任職陸總政一處，掌理部內人事勤務，家瑾學長此時己自特戰指揮部指揮官王永樹中將（幹校老校長）之隨從參謀，調任特戰學校政二科科長，其時經單位推薦參謀甄試，因其作業週延，文采出衆，特簽調任陸總政五處參謀官（佔上校）其後有關其職務調動與歷練，因年代久遠，相關之單位、職務甚難精確描述，僅憑記憶將大要簡述如此：

六十二三年間，自總部政五處晉上校後，調任東引反共救國軍政戰部副主任，襄助推動戰地政戰工作。

其後奉派任重裝一五八師政戰部主任，戍守金門。約兩年，遴調陸軍總部政一處長，掌管政治作戰、組織發展及幹部管理等重要業務，因其任事穩健，表現傑出，深獲器重，遂派任軍主任後調成功嶺大專集訓班政戰部主任，並調升少將，大專班幾爲全國之焦點單位，其傑出表現，自是相得益彰。其後後來擢升總政戰部政一處長，該職爲全軍政戰之龍頭幕僚，因其駕輕就熟，政績不俗，後來復任福利總處長，亦卓然有成。爲借重其深諳陸軍政戰之長才，乃破格調任陸總部政戰部主任，並晉升中將，其任職期間，對陸軍政戰工作建樹良多，爲部屬推崇，任滿復調任總政戰部副主任，後因任務需要，不久轉調台灣警備總部副總司令，主管全國之治安工作，時雖不長，但頗有政聲，直至屆齡榮退。綜其軍旅生活，凡卅餘載，自初任至屆退，其於每一階、職均能揮精竭憲，貢獻學能，努力以赴，故其作爲傑出，表現優異，深獲推崇與倚重，並普譽爲「才智卓越」之政戰將領，奈何！天不假年，在追懷、孺慕時，祇能徒喚負負了。

家瑾將軍和我

安郁健

黃故中將家瑾，宋將軍咸萃和我都是政工幹校本科班第三期第十一中隊同學，我天生木訥，個性保守，但承他們兩位不棄，當成朋友，更難得的在三十多年後，宋府兩位千金——友梅和友蘭，分別叫我和家瑾是乾爹，又使我們三家成了乾親家。

畢業後，我於四十四年六月一日，奉分發陸軍第七師八十團一營重兵器連幹事，經代理第七連指導員並調任第八連及重一連指導員，於四十六年一月一日例晉中尉。自從分發後，同學分散，我曾於同年九月，利用休假時間與多位同學會面，當時咸萃和王福潤、管延續等學長均在新兵訓練中心任職，家瑾和鍾讀恩學長則在北部軍團直屬部隊，久別重逢，倍感親切，熱誠招待，更令我感動。

四十七年五月十二日奉國防部命令分配特種部隊司令部，復奉司令易瑾中將命令分配司令部政治部（政工輔導室），因該室成立不久，尚無正式編制，室內現有軍官四人均係陸軍總部部屬軍官缺，同年八月十二日奉政治部主任郎世忠少將手諭：「政工輔導室暫由安郁健同志綜合負責」，由於責任加身，工作非常繁重而忙碌，到本室同仁本階停年屆滿前均已調整佔缺，及時辦理晉升，本室編制正式發布，首任秘書陳書漢上校由第一軍科長調任，並於五十八年五月十二日到職，我才於此放下重擔，於七月一日調任司令部基地電台指導員，兩年後，調回幹校政治科第三期受訓，（又與咸萃同科、同期、同二十七隊同學），不久家瑾也從特種部隊返校在第四期受訓，與咸萃和我成了前後期同學，由於相距不遠，可經常見面，同看晚會，假日同玩，曾去新北投公園散步，並合影留念。只是我從未想到家瑾原在軍團直屬部隊，怎麼也會調來特種部隊，其實約在四十八年四月特種作戰第一總隊擴編時，他已編入第五大隊第二十一中隊政戰分隊，駐在桃園虎頭山，當時我駐在龍潭虎嘯營，後來他調司令部空降獨立偵察大隊進駐虎嘯營時，我已調基地電台駐在桃園埔子，就因為服務單位不同，駐址不一，特種部隊因為任務不同，對官兵保密要求甚嚴，久未通信，失掉連絡，所以雖同在特種部隊，竟未早日見面。

五十一年七月一日，我奉調司令部學術研究會（原政工輔導室）仍駐虎嘯營區，九月八日家瑾由學校來信，要我寄一本政戰教材及三本晉等考試教材，正好我都有這些書，隨即寄去，以便他用。

家瑾畢業後，回到司令部空降獨立偵察大隊第四中隊，與我同駐虎嘯營區，五十二年七月三日晚上我在龍潭遇見家瑾，他告訴我他已考取外語學校留美儲訓班，我於第二天晚上在龍潭歡送他入校，並祝福他早日學成出國。同月二十三日我們三個和王福潤學長約在台北看了一場電影一梅岡城的故事，二十八日下午家瑾和咸萃一同由台北來龍潭玩，我騎單車去龍潭迎他們，晚上在南北飯店用餐，夜宿虎嘯營內，談及深夜，至次日上午方歸。

家瑾後隨偵察大隊第四中隊移駐基隆，並改編爲特戰指揮部船舶中隊，當他任該隊輔導長參加由特種部隊司令部主辦之政戰幹部講習，有一天晨間活動，兼班副主任方象球少將前往巡視，發現家瑾後，即問那一位是誰？應培養爲大隊輔導長，當時我因兼該班訓導工作，也在附近，隨即答道：「他是特戰指揮部船舶中隊少校輔導長，幹校三期畢業，非常優秀」，惟在當時大隊輔導長均爲中校（因中隊輔導長也有中校）後來家瑾調任特戰指揮部指揮官室侍從官，方主任也調爲海軍陸戰隊政戰部主任，此事雖無結果，但家瑾在方主任心目中已留下深刻印象，（按：方主任金防部調回台北後，家瑾曾去看過方主任）。

五十七年一月一日，我奉調陸軍特戰第四總隊第三作戰大隊輔導長，是由多年幕僚再下部隊，家瑾知道後，曾經電話道賀並當面致意。

五十九年三月六日，我奉命暫調陸軍總部政一處公差，編撰「陸軍基層政戰幹部工作手册」，住在陸軍服務社，適遇家瑾由泰，越訪問歸來，正在台北洽公也住該社，是不期而遇，當天中午我們在台北市一條龍用餐，我看得出來經過這次出國訪問，他對自己英文表現非常滿意，談到他的婚事更神情愉快，非常高興，我祝他早日結婚，就在那年十一月十五日已完成了終身大事。

前項工作手册編撰工作於三月底結束，我於四月一日奉調陸軍總部政一處中校組織官，承辦全般性政策措施、各級（代表）大會、委員會及研究發展等業務，接受上級年度業務視察均列爲績優項目。不幸，次年七月七日因病住院，經手術後，竟成貳等病殘，於六十一年一月一日奉調科學研究室服務，六十二年一月一日晉升上校，上班後獲家瑾由陸總政五處來電話道賀，並說：「回來吧，這裡有師主任缺沒人幹」，我說：我健康重要，以後就看你的了」，果然，他於次年元月一日晉升上校後，由東引指揮部政戰部副主任開始，歷經師、軍、軍團、一直升到陸軍總部政戰部中將主任及警備總司令部副總司令等重要軍職，當他由東引回來接台北衛戍師（一五八師）政戰部主任時，他電話告訴我：我回來了，我即前往道賀，但見他正在忙碌中，雖忙但非常快樂，他升福利總處處長後，也曾約我前往茶敘，相談甚歡。當他任警總副總司令後期，已開始延役，我曾想以他的條件，只要能延不退，也許將來還有機會，等到他臨退前長官召見後，他曾電話告訴我，他已確定要退伍了，並說：我已經很滿足了，我想到他當時的心情，我說知足常樂。人生能夠快樂最好。

在我軍職屆齡退伍前，家瑾曾爲我找到一份工作，距家近，工作也可以勝任，惟因距我退伍日期尚有半年之久，未能提前退伍配合上班。及至退伍時，以上校外職停役轉任財政部國庫署政風室工作。至文職屆滿限齡退休。

我於文職退休後，即與內人參加慈濟志工行列，咸萃與翠華伉儷則更早即投入「換心」及「換器」協會攜手作義工，對此，家瑾均予肯定及支持，事實上家瑾手上也常載有一串佛珠，顯示強人心中也有佛在。

咸萃人如其名，出類拔萃，堅苦卓絕，樂觀奮鬥，高考及弟，特保最優，又在文化大學文學院及三軍大學戰爭學院畢業，是文武全才，歷任黨、軍要職。少將榮退，宋夫人黃翠華女士持家有道，教子有方，雖經開心、換心大手術，康復後，完成三位子女終身大事，並與咸萃結伴圓夢遊走天下，每逢想起她長期與病魔博鬥時那種堅忍不拔的精神和毅力，簡直就是一位超級強人。咸萃也曾經開刀切全胃及冠狀動脈四段繞道大手術，但吉人天相，均已平安渡過，早就恢復寫作，如今子女均已婚嫁，家家事業發達，而且都很孝順，所以咸萃無憂無慮，能吃能喝，天天都運動，時時有事作，我們祝福他身體越來越健康，明天一定會更好。

家瑾身強力壯，我從未聽說他生過病，記得八十七年元月宋家長女友梅和長子達元結婚時，家瑾都是他們的介紹人，當他在台上致詞時的風彩和那豪邁的身影，沒想到在第二年就因病逝世了。在他過世的頭一天，我和內人與王福潤學長再看他時，他仍然表現的那麼堅強，安詳與寧靜，簡直不像一個病人。家瑾過世後，我和內人爲他向慈濟功德會申請了往生被，證嚴法師「華開見佛」的輓額，並參加他頭七的法會，公祭大典，另與多位慈濟人爲他念佛助福，家瑾後事莊嚴而圓滿的結束，黃夫人張素玲女士將家瑾戴過的那串佛珠交我留念，並將治喪節餘費用新台幣貳萬元及家用器具與物品三十四件（宋夫人也捐出十八件）捐贈慈濟功德會（義賣）作爲救濟貧困之用，慈悲喜捨，皆令人敬佩。

九十八年十一月二十三日夜裡我夢見家瑾：一如生前，他告訴我好久沒聚啦，要聚一下。我告訴他：妻賢子孝，不用掛念，並祝福他在西方極樂世界平安自在，也請他保佑他的家人和我們大家平安。

永懷一位堂堂正正的革命戰將

——我所認識和敬佩的黃家瑾將軍

家瑾、郁健和我「小宋」（這是家瑾兄對我的尊稱，多數時間叫我小子，其實他比我大不了一歲半歲，他自居老大，我已經習慣了！）都是政工幹校三期本科班（政治科）同隊、同教授班的好同學。郁健和我是山東八千流亡學生，三十八年在澎湖集體從軍的，在前線當了四年大兵，吃盡苦頭，靠隨營補習，考入復興崗，這座文武合一的革命學府。家瑾則是自三十五年小學畢業，在湖南家鄉考入空軍幼校，讀初中，高中的，一心一意學飛行，報效國家。到後來一切努力卻淪於白費，他好不容易千辛萬苦，萬人選一考進空軍官校三十五期，又經過三個月嚴格入伍教育，即開始初級飛行訓練經年，眼看著就要升入空官正式分科飛行前夕，宣告「停飛」，而淘汰出局，這打擊可就大了，家瑾和三十五、三十六期停飛同學二十多人，不願轉入空軍地勤單位—空軍機械及通信學校就讀，自覺志願不合，就暫時集中空軍幼校旁，他們入伍教育軍營暫時待命。適逢蔣經國先生，時任國防部總政戰部主任，到空軍幼校巡視，家瑾和同學代表，向經國先生求援，經國先生以政工幹校創辦人身份，笑著滿口答應：願意到政工幹校就讀的，可以轉入第三期本科班，（政治科），於是空軍官校三十五、三十六期待命同學，總算找到了滿意的出路，他們二十幾位同學，同時轉入我們三期各班隊就讀了，家瑾和牟其卓學長等七、八位，就編入我們三大隊十一中隊，那時正當我們三期同學入伍完成，下部隊當兵三個月回來，分科教育將開始之時，於是家瑾和郁健及我結成了一生由同班同學，而成爲志同道合的兄弟之緣。我們彼此相互鼓勵；勸勉；協力，終於各自走出了自己一片燦爛的新天地。當年我們同時能進入政工幹校，接受文武合一的革命教育洗禮，是悲苦生命中惟一的轉捩點，走出苦難惟一向上爬的千載難逢機會，三人都十分珍惜，於是強勢豪健的家瑾，沉穩實在的郁健，和外柔內剛的我，皆沉潛下來，放低姿態，全心全意向學；力求充實自我，以備後來服務國家。當然我們的內心深處，都有著一股強烈的愛國革命熱誠，對革命復國前程，滿懷信心，願意隨時隨地爲黨國效命。

政工幹校教育，一方面要使我們學到一般大專教育的學科知識；更著重革命理論與推展政戰工作的基本學能和方法，期望訓練一批堅強革命政工幹部，從事整軍、建軍、反共復國的革命任務。我們早期考入政工幹校的同學，多數來自陸、海、空軍基層，自願投軍報國的有志青年，考入政工幹校，更是進一步革命救國壯志的發揚，本來政工幹校係專爲培養革命政工幹部而創設，誠如先總統蔣公訓示：是要學生「遵循文武合一，術法德兼修的教育宗旨，貫通以哲學、科學、兵學爲一體的教育理想，培養具備智、信、仁、勇、嚴武德的中興復國幹部」。經國先生先親承蔣公指示創辦政工幹校，認爲現代國軍要有主義、有立場、有血肉、更要有革命精神，因爲現代戰爭，實在是一場思想、組織、精神戰力競賽的戰爭。期許復興崗革命青年，人人立「萬載千秋的大志，抱青天白日的心胸」，人人皆成爲「胸襟開闊，態度大方，待人忠厚，做事實在，革命徹底」的忠實革命幹部。

我們在校兩年後畢業分發，家瑾、郁健分發到陸軍野戰部隊基層連隊任職，二、三年後，方調特戰部隊接受嚴酷特戰訓練。我則分到預訓部步一團訓練新兵，當時都是在擔任連隊政工官，兼代連指導員，訓練中心同時分發了十幾位同學，相互砥礪支援，奮力工作，使整個中心風氣爲之一變，深受長官及屬下的肯定。家瑾和郁健，則在陸軍基層，百廢待舉，無助無援，再加上陸軍野戰基層、政戰工作懸缺久未補人，只好從磨練中，摸索重建，特別的辛勞悲苦。其時我們三人雖在不同崗位上奮鬥，仍然經常靠書信相互問候，鼓勵，扶助，各自堅定立場，而無條件的爲黨國奉獻，四、五十年來，在不同環境，不同際遇，均能堅守崗位，建立自己的地位、開創自己的前程。直到晚期，齊聚台北工作，各自成家之後，家瑾夫婦只生一男，郁健夫婦生了兩男，都沒有女兒，獨我老宋「自討苦吃」，生了「一男二女」，在當時「生一個不嫌少，生兩個恰恰好，生三個自尋煩惱」的主流思潮下，無怪乎朋友、同事們都笑我是「自做自受」的傻瓜了，後來大女兒給安家當義女，小女則被家瑾夫婦認作義女，我反倒只剩下一個兒子了，於是黃、安、宋家三家親上加親，竟變成黃、安、宋一家親了。

再說在四十年代後期，家瑾一個人孤軍奮鬥，在陸軍野戰部隊基層，從摸索中勉力從事基層政戰工作，當時基層政戰工作，一切得從頭重建，家瑾的工作，事倍而功半，可說身心皆苦，對比之下，我在訓練中心工作，雖然得帶新兵出操，打野外，上課，又忙又累，可是工作固定，生活安定，我和好同學王福潤，管延續三人，還能爲了強迫自己進修，多讀點書，就立志利用夜晚、假日、工作之餘時間、準備參加高考，於是展開了「三更燈火五更雞」的苦讀生活。四十六年考試，三人或許因爲準備不足，全部「名落孫山」，我於四十七年捲土重來，始幸獲全國高等考試文書組（秘書組）及格，當時曾得到家瑾、郁健和許多同學同聲祝賀，家瑾認爲我小宋是一個「很會適應環境」的人呢！雖然考選部軍職外調命令，經團部一紙「尉級軍官，限制外調」的公文，將我拴在軍隊裡，我照樣在基層拼命工作，因爲其時我這個芝麻小官，頂著高考及格的光環，被當時預訓司令部政戰部主任陳煥彩將軍發掘，調我到預訓部政戰部政訓組當參謀，並佔上尉職缺，掌理全國新兵政治教育之推行，由此我全力著手從事新兵政治教育改革，經過一年多的全力衝刺、協調爭取、終獲國防部和預訓部陳煥彩主任大力支持！出錢又出力，協助我使此項改革大功告成，使我不但獲升上尉，並列入四十九年度國軍特保資優人員，榮獲當時的總統蔣公，在總統府介壽堂點名表揚嘉獎，使我「小宋」一戰成名，家瑾，郁健以及許多老師、同學、好友，都給我祝賀鼓勵，令人感動不已。

當時家瑾、郁健先、後調進特戰部隊，接受嚴酷特戰訓練，包括日、夜間跳傘，和各種配備的特種作戰訓練，雖然吃盡苦頭，他們卻始終認爲能調任特戰部隊，接受特戰訓練，乃一生最大的光榮。因爲特戰部隊可以隨時出動，從敵後迅速打擊敵人啊！我有一次從台中在週之下午趕到龍潭虎嘯營區去和他倆相聚，交談一夜未曾合眼，第二天下午又坐車趕回台中，當時認爲是三個難兄難弟身處憂患中最大的安慰。

我五十一年爭取到回幹校補修專科學分，家瑾稍後曾補修學分，並去陸參大，及外語學校留美儲訓班受訓，證明我們難兄難弟，無時無刻不在爲自己的工作和前程，尋找出路，奮鬥不懈。五十三年我三十一歲考入文化大學中國文學系，從頭苦讀，當時老師和同學們都笑我是一個「怪胎」，「人家大學畢業，才參加高考，我卻於高考及格後，再回頭讀大學。」爲了進城讀書方便，經過空軍學長們的大力協助，始調往空軍總部政戰部任職，因爲文大夜間部初期，借用師大附中上課，我調空軍，走過仁愛路即到學校。從此，可節省每天騎破單車走兩、三個小時（來回到大直），浪費寶貴時間，這時家瑾正調往特戰第四中隊任副隊長，部隊移防基隆，負責海上蒐集情資任務，他也兼辦稽核工作，基於任務需要，四中隊船中隊要與漁民聯合（外稱漁業公司），以利海上蒐集敵情，需要以生意作為掩護，家瑾得天天面對那些皮笑肉不笑商人的嘴臉，使他極度不適應。當革命軍人竟淪落如此，豈不是「大才小用」了。所以當時他情緒低落，在五十四年一年之內，他給我寫了許多信，並來台北找我見面，面談多次，他總希望能像我一樣，調來台北市的學校或機關，想投考文大大傳系或淡大英文系，只是他一直無法外調，致使美夢成空。他給當年好友胡升堂將軍，寫了廿多封信，訴說自己的悲苦無助心情。好在第二年即調升少校輔導長，不用天天直接面對商人了，他才只好堅守崗位，繼續認眞工作，情緒也跟著安定下來。兩年後幹校老校長王永樹將軍，調任特戰三一六指揮部官、兼特戰學校校長，調家瑾去任隨從秘書，他才得以調回特戰指揮部，後升中校科長，認識了虎嘯營播音員張素玲小姐，兩人竟一見鍾情，不出半年，訂婚結婚，使自己獲得一位能幹的賢內助，而建立美滿小家庭，從此他毫無內顧之憂的，而專心一志爲事業打拼。他於特戰部隊任務結束，併入屏東空降司令部之時期，調任陸軍總部政五處任參謀官，而得升任上校，六十三年六月，即奉調東引指揮部政戰部副主任，受苦磨練，其時我也在外島澎湖空軍基地，任政戰主任，可說是「同病相憐」的一對難兄難弟。家瑾離家別子，在東引受困兩年，他在東引帶頭做政戰工作，做的有聲有色，贏得上、下及地方人士肯定，尤其是他到東引後首任梁指揮官，對他特別賞識，認爲家瑾是位有爲有守實幹能幹的模範政戰幹部，梁氏後來調升馬祖司令官，不只一次親口向前來視察的總政戰部主任王上將推薦，請化公提拔家瑾，後經過化公親自多次訪問東引、驗證家瑾在東引前線的工作，確實能堅持立場，奮力工作，績效優異，終於在家瑾服務東引滿二年前夕，調任家瑾出任台北衛戍師政戰部主任，從此家瑾總算苦出頭來了，爲其終順勢向上發展，打下深厚的基礎。

其後數年，由師主任調任陸軍總部政一處處長，我曾請他照顧同期同學，在澎湖任職老中校，我的侄子調回台北，他認爲侄子已屆退休年限前夕，不能佔缺。依規定調我侄子回台北任一中校修車廠處長，最後以中校退。足見他照法令規定辦理，是不分親疏的。後出任嘉義軍政戰部主任，成功嶺集訓中心主任，國防部政一處長，軍團主任福利總處長。我曾建議他，女青年大隊鄭副大隊長，三軍大學空院學位政教組長謝學長，到福利總處任職，他告訴我鄭中校他認識，是女中豪傑，當時正有一中校空缺，答應替她補上，而同學謝是上校，處裡高階無缺，一時無法調任，他只好回信，婉拒我，證明他嚴正守法的立場，永不改變。我近期詢問鄭中校家瑾在福總處服務的狀況，鄭中校當即直告，黃處長不是一個生意人，對福利總處領導作風，比較保守，對福利本業開拓市場，未能把握機會好好爭取。然而立場公正嚴明，分層負責，潔身自愛，受到上、下一致的肯定云云。繼任陸總部政戰部主任，時我任總政戰部三處監察處長，曾協辦阻止一商人透過關係關說，參與陸軍採購野戰餐車案，兩人立場心志相投，堅定工作立場不移。他在成功嶺服務滿兩年，於七十二年十二月中旬，自己尚不知七十三年當年自己能不能晉升少將，卻聽說許歷農上將，讓我這個在總戰二處政訓副處長，面對反共、反台獨從事思想前線作戰，幹滿三年，默默幹十年的老上校（家瑾上校也幹了十年）主動調佔三軍大學空軍學院空軍少將職缺，大大替我高興起來，除電話向我道賀外，在他日記中特別寫下：「小宋終於苦出頭來了。」，讓老同學我感動萬分。等他七十三年元旦升了陸軍少將，三月許上將即調他出任國防部政一處處長，掌管國軍政戰人事，他在七十三年的年底，照著許上將的指示，當空軍官校出了問題，校長空軍名將羅化平調職，政戰主任晉升案亦被總長否決，當天要從空軍快速補報年度政戰晉升名單，我被列入備取，因爲我七十三年佔缺最晚。等補報名單送到總政戰部，許主任即於當天下午親持呈請總長批示。因爲第二天就要上大簽請蔣經國總統核定了。誰知郝上將竟批准我晉升，還對老爹說：「我認識宋某，他作事很認眞負責」。證明我三年多在長官領導下從事思想作戰，以及在總長親自領導下，策辦官兵精神、哲學教育所受的苦，沒有白費啊！我只有讚嘆：長官英明、決不會忘記努力工作的老實人的。家瑾晚期受到兩位當時軍事強人，總長郝上將和總政戰部主任許上將的信任和肯定，而不次拔擢，證明英明長官識人之眞切也。

根據家瑾和我這一世志同道合老友的觀察：我認識的家瑾，是一位堂堂正正的正人君子，也是他部屬所尊稱的永遠戰將，他一生爲軍政戰無私無我的奮鬥不懈，生活規律，勤儉樸實，「外在嚴謹，內心熱忱」、「望之儼然、即之也溫」，所以他當年帶過的部屬說他是：「刀子嘴，豆腐心」，公私分明，公正嚴明，思慮細密而周延，處事有擔擋，有魄力。正因爲在領導要求上快而有效，認眞積極，許多部屬跟不上他的快速腳步，往往會引發他的湖南騾子脾氣，甚至發火罵人，事後他又痛自反悔，這在其日記記錄中屢見不鮮，可惜生性難易，很難克制，他深知這是他一生中的大缺點，也因此而得得罪了不少的人。他很肯熱心的照顧部屬，後來升中將、少將的大有人在，一生一世都感激他，眞正感受到「哲人日己遠，典型在夙夕」的祝福。不過他在陸軍歷任要職，有不少老同學、好朋友，請他幫忙辦事，他都照法令、規定來因應、再加上；他不善逢迎、不會說奉承話，直來直往，於是上上下下不少的人對他不諒解，他確實蒙受了很多不白之冤。家瑾從到東引任政戰部副主任開始，歷練各階段重要軍職，都有日記留下來，多用毛筆正楷寫下，將工作期間的得失，個人心境及重要工作，都有著眞情實在的記錄，我最近爲了替他編寫逝世十週年紀念文集，特別情商黃夫人讓我將日記仔細瀏覽一遍，我不但欽佩他的恆心毅力，也特別爲他的眞情實在紀錄而深受感動；幾次熱淚盈眶，不忍續讀下去，身處這個悲苦人世之中，還有什麼比眞情實意更感動人心的呢？所以我編家瑾紀念文集，所有文字均以眞情實意爲主，多引述家瑾日記、信函，及他所留珍貴資料外，並大量採用其部屬好友所提供的追思文字，甚至有的不改一句照抄下來。不是我編者老宋偷懶，是要保持每句話，每一篇的眞情，以求保持紀念全文沒有一句假話也。我這個魯拙納言，只知默默苦幹的山東鄉下楞子，能交到家瑾這位眞情豪邁積極肯幹能幹的湖南騾子，自認是一生一世最大的榮耀了！

——98.11.29 旅日初稿。

——98.12.9 定稿。